CONTENTS

# Success15 2

http://success.waseda-ac

サクセス15
February 2022

## 進化し続けるものづくりの技術

# 100分の1ミリで生み出す「時計」の世界

時刻を確認するために欠かせない「時計」。とくに中学生のみなさんにとって、模試や入試に持っていく腕時計は身近なものでしょう。今回の特集ではセイコーの方々に伺ったお話を交えながら、みなさんに時計の様々な魅力をお伝えします。時計発展の歴史や製造工程、開発秘話など、盛りだくさんの内容でお届けするので、これを読めばきっと、自分の時計に、より愛着がわくことでしょう。

画像提供協力：セイコーウオッチ株式会社

# セイコーの製品とたどる国内での時計発展の歩み

まずは時計がどのように進化してきたのかを、国内の時計業界をけん引してきたセイコーの歴史とともに学んでみましょう。

## 和時計の登場

古くは紀元前約5000年にエジプトで使われていた日時計に始まり、水や火など自然の力を活用した時計がありました。13世紀には機械式の時計が発明され、キリスト教とともにヨーロッパから日本にもその技術が伝わったものの、その後、鎖国の時代へ。機械式時計の技術を活かし、不定時法に対応した和時計が発展していきます。

**不定時法**：江戸時代の日本で取り入れていた、日の出・日の入りを基準に１日を昼夜で６等分して「一刻（いっとき）」と数える時刻制度。季節によって昼夜の長さは変わるので、夏は昼の一刻が、冬は夜の一刻が長くなります。なお、現在のように１日を等分に分けたものを定時法といいます。

## 「マニュファクチュール」でこだわりを追求

明治時代に入り導入された24時間制によって和時計は使えなくなり、時刻確認は海外の時計に頼らざるをえない状態に。そんな時代に海外の時計を輸入販売する服部時計店を創業し、次第に時計の生産もしたいと考えるようになった服部金太郎。「精工舎」（のちのセイコー）を設立し、海外の時計の構造を研究して、機械式の掛時計を作ります。このころから部品もすべて自社で生産する「マニュファクチュール」にこだわった時計を世に送り出しています。

精工舎で作られた機械式の掛時計と目覚まし時計。

**江戸**

- １６３９年　鎖国開始
- １８５４年　日米和親条約締結により開国
- １８６０年　服部金太郎誕生
- １８６７年　大政奉還

**明治**

- １８７２年　明治改暦の布告により24時間制導入
- １８８１年　服部時計店創業
- １８９２年　「精工舎」設立。機械式掛時計製造開始
- １８９５年　懐中時計「タイムキーパー」発売

**大正**

- １９１３年　初の国産腕時計「ローレル」発売
- １９２３年　関東大震災発生
- １９２４年　「セイコー」ブランド腕時計発売。腕時計量産化が本格化

**昭和**

- １９４５年　第二次世界大戦終戦
- １９５３年　テレビ放送開始。同年、日本初のテレビCMとして精工舎のCMが放映される

1953年 日本初のテレビCM

## 小型化への挑戦

当初は大きなおもりや振り子が用いられていた機械式時計。動力源となるぜんまいや、精度調整を行うてんぷなどの細かな部品の登場により小型化が実現し、持ち運べる時計の開発が進んでいきます。先見の明があった服部金太郎は、まだ着物＆懐中時計が主流だった時代に、「いずれ腕時計の時代がくる」と、腕時計の開発にも力を入れていました。100年以上前の「ローレル」が、いまでも動くというから驚きです。

## 震災からの復興

関東大震災によって精工舎の時計も多くが焼失。しかし、震災前日に完成した新しいブランド用の試作品が１つだけ焼失を逃れていたそう。原点に立ち戻るという意味でも、それをもとに自社の名前を冠したブランド「セイコー」をスタートさせ、製造工程も近代化が進んでいきます。

## 戦後の発展

戦後、世の中が豊かになるにつれて、レジャーやスポーツで使うのにぴったりな時計や、おしゃれのための時計など、多彩な時計が開発されるように。一方、戦争で負傷した方のための時計を作ってほしいという依頼を受けて、セイコーでは視覚障がい者用の触読※時計をこのころから現在にいたるまで製造しています。

※指で時刻を読み取る時計

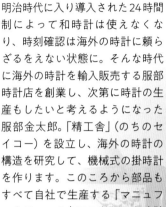

販売価格は45万円（当時）。トヨタの自動車「カローラ」が43万円で販売されていたことから、どれだけ希少価値があったかわかるでしょう。

## より便利な時計へ

クオーツ式時計自体が開発されたのは1927年（アメリカ）。大型のロッカーほど大きかったサイズを、腕時計用に小型化・実用化するために研究開発を進めた結果できたのが「クオーツアストロン㊧」です。

**クオーツ式時計：**機械式腕時計のてんぷの代わりに水晶を、ぜんまいの代わりに電池を採用した時計。電池の寿命がある限りは動き続け、従来の機械式時計と比べて数十倍の精度です。現在発売されている腕時計のほとんどはクオーツ式です。

## その名は世界へと

「世界に挑戦する国産最高級の時計を作る」という思いのもと、持てる技術のすべてを結集して作った「グランドセイコー」。その精度は当時、世界最高峰の精度の時計を製造していたスイスの「クロノメーター検定規格」をクリアするほど。以降、世界トップレベルの時計と並ぶ高水準のモデルを次々と生み出していきます。

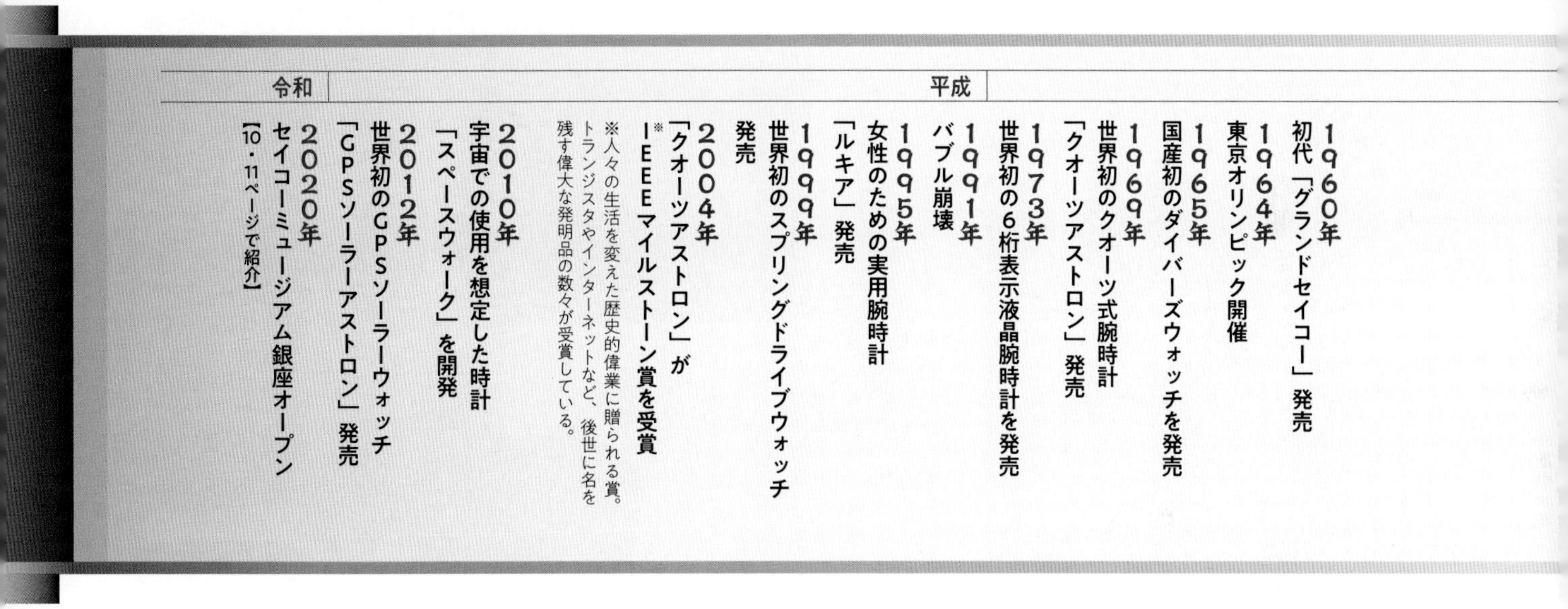
平成
1960年
初代「グランドセイコー」発売
1964年
東京オリンピック開催
1965年
国産初のダイバーズウォッチを発売
1969年
世界初のクオーツ式腕時計「クオーツアストロン」発売
1973年
世界初の6桁表示液晶腕時計を発売
1991年
バブル崩壊
1995年
女性のための実用腕時計「ルキア」発売
1999年
世界初のスプリングドライブウォッチ発売
2004年
「クオーツアストロン」が
IEEE※マイルストーン賞を受賞
※人々の生活を変えた歴史的偉業に贈られる賞。トランジスタやインターネットなど、後世に名を残す偉大な発明品の数々が受賞している。
2010年
宇宙での使用を想定した時計「スペースウォーク」を開発
2012年
世界初のGPSソーラーウォッチ「GPSソーラーアストロン」発売
令和
2020年
セイコーミュージアム銀座オープン
【10・11ページで紹介】

## 機械式×クオーツ式の誕生

クオーツ式時計と機械式時計、それぞれのいいところを融合したのがスプリングドライブウォッチです。クオーツ式時計をベースとしながら、動力源に電池ではなく機械式のぜんまいを用いることで、高精度、かつ電池交換の不要な時計が実現しました。

## どこでもいつでも正確に

２万km上空を浮遊するGPS衛星から時刻情報や位置情報などを受け取り、世界のどこにいてもその地点の正確な時刻をすばやく表示、しかもソーラー電池で電池切れの心配もなし、という革命的な時計「GPSソーラーアストロン」。海外へ行った際も、空港から一歩外に出れば自動で時刻を調整してくれる優れものです。

## 時代が変われば時計も変わる

1980年代はアクセサリーの一部として親しまれていた女性用の時計。しかし90年代になると、大振りで直線的な実用ウォッチが、当時の働く女性に好評を得ました。時代の変化に応じて、時計も変化していくのです。

## オリンピックでも大活躍

精度の高さが評価され、セイコーの時計が初めてオリンピックの公式時計に。既存のストップウォッチで生じていた誤差の問題をクリアしたため、選手からまったくクレームが出なかったという裏話も。そのほか1987年には第２回世界陸上競技選手権ローマ大会の公式計時を担当。以降、現在まで世界陸上の公式時計として採用され続けています。

東京オリンピック（1964年）で実際に使用されたストップウォッチ。競技ごとに使う時計は異なります。

機械式

# 時計はどうやって作る？

**普段はなかなか見ることができない
時計作りの裏側をのぞいてみましょう。
ここでは機械式腕時計の製造工程を見ていきます。**

## 1 部品を作る

機械を使って、時計に使う部品を鉄などの材料から切り出していきます。機械式時計に使用される部品はネジや歯車など大きさも形も様々で、全部で200個にのぼるものもあるのだとか。

様々な刃物が取りつけられている機械でネジや歯車などの部品を切り出している様子。

## 2 部品を焼く

「焼き戻し」や「焼き入れ」と呼ばれる工程です。①で作った鉄の部品を高温で焼く→急冷する→最初とは異なる温度で焼く……と繰り返すことで、硬く粘り強い、長く使える部品に作り込みます。

部品を硬く、丈夫に仕上げるために焼いたり冷やしたりを繰り返します。

## 3 部品を磨く

②で焼いたネジや歯車を、機械で磨いていきます。部品同士が接触するところを磨くことで、動くときの引っ掛かりが減り、より少ないエネルギーで動き、かつ、より長持ちするようになるそうです。

## 4 組み立てる

部品を組み立てて、時計の進みや遅れを調整します。顕微鏡を用いるほど細かな作業もあり、まさに職人技。とくに組み立てたあとの調整は、限られた技能士のみが担当できる作業です。

歯車などの部品を組み込む土台となる「地板（じいた）」と呼ばれる部品。

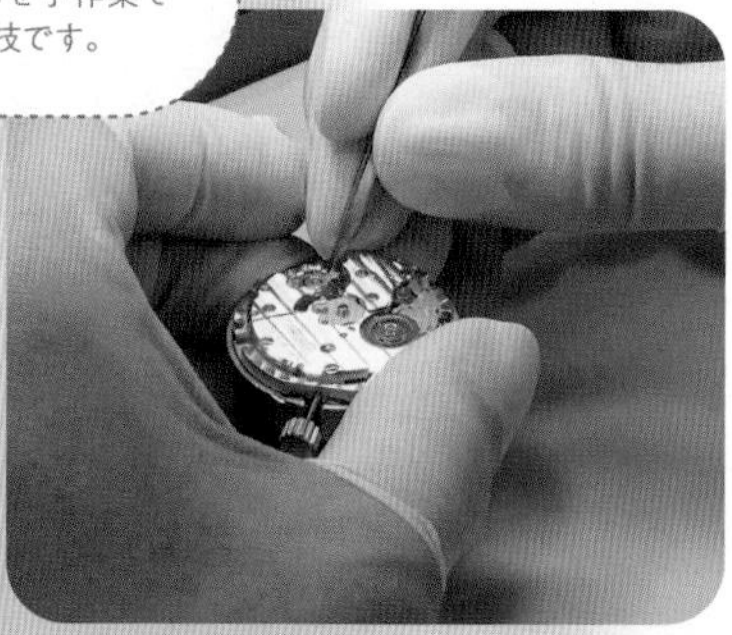

専用の道具を使って時計の進みや遅れを手作業で調整。熟練の技です。

専用の道具を使って文字盤に時計の針をつけていきます。見慣れた時計の姿になってきましたね。

## 5 検査する

組み上がったら「正しく動くか」「キズがついていないか」「水が入らないか」など様々な角度から1つひとつ検査します。その後、問題がなければバンドを装着し、完成となります。

時計に水が入らないかチェックしているところ。このほか手作業での検査も1つずつ行われているのだそうです。

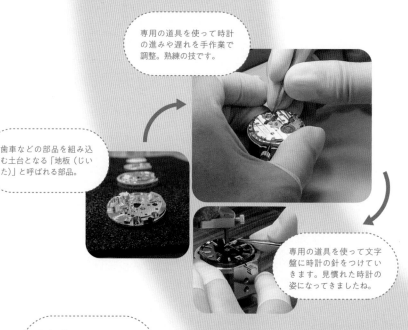

セイコー社員に聞く

# 小さな時計の大きな魅力

**時計作りに携わる人にとって、時計の魅力はどんなところにあるのでしょうか？　今回は、セイコーウオッチ株式会社の商品企画二部で商品企画などに取り組んでいる大宅宏季さんにお話を伺いました。**

**Q　商品企画二部でのお仕事について教えてください。**

セイコーブランドでどんな商品を作っていくかを考えるのがおもな仕事です。セイコーがどんなブランドでありたいか、という根本的な姿勢を考える部署でもあります。

まずはどんな時計を作りたいのかコンセプトを決めて、デザイナーに時計のデザインをいくつか考えてもらいます。その後、デザインが決定したら、技術的に実現可能かどうかを技術者が判断し、実際の製造に移っていくという流れです。

セイコーは、そうした企画やデザイン、製造まで一貫して社内で手がけているのが大きな強みといえます。

**Q　ご自身は年間でどれくらいの商品を作っていますか？**

年間で30モデルほど作っており、同時並行で５つくらい企画を進めています。１年半～２年先のことを見据えて企画を始めることが多く、時間をかけてじっくりと検討し、商品を仕上げていきます。

それと同時に、精度や耐久性を高める技術の開発・研究も日々行われています。

**Q　新しい時計を企画する際、どんなことに気をつけていますか？**

単に時間を計るための道具として時計を作るのではなく、「お客さまの時間を彩る」ための商品を作りたいと考えています。

時計を選ぶときには、「どんな印象を与えたいか」といった目的や好みが強く反映されます。ですから、時計はその人の内面や性格を表現するための、コミュニケーションツールでもあると思うんです。そうした部分を意識しながら、様々な時計を企画しています。

**Q　どんなときにやりがいを感じますか？**

例えば電車のなかで、隣に座った方がセイコーの時計をつけているのを見たときは、やりがいを感じますね。ものづくりにかかわる人間として、実際にお客さんが選んで手に取ってくれるというのはとても嬉しいです。

**Q　時計の魅力はどんなところにあると思いますか？**

小さいながら、そのなかに大きな世界が広がっているところです。じつは、時計の設計図は100分の１ミリ単位で描かれています。その非常に精巧で細かい図面のなかには、企画者やデザイナーをはじめ色々な人の想いが詰まっているんです。

時計自体は小さな商品ですが、そこには細部にいたるまでこだわった大きな魅力が宿っていると思います。

**Q　今後の目標や展望はありますか？**

セイコーの社員として、いつか「グランドセイコー（GS）」に携わってみたいと思っています。

GSは、セイコーから独立したブランドで、精密さやデザインにおいても最高峰の商品が作られています。社内でも感性の鋭い方や熟練の職人などが多くかかわっており、「いつか買いたい」と憧れている社員も多いんです。

**Q　読者にメッセージをお願いします。**

時計の魅力が少しでも伝わったでしょうか？　興味を持ってくださった方は、ぜひ時計店や次ページで紹介するセイコーミュージアムに足を運んでみてください。実物に触ってみると、もっと時計の世界を身近に感じることができると思います。

中学生におすすめの時計は？

SBPX063

SWFA151

「すべての秒に目盛りが刻まれていると、勉強中も正確に時刻を読み取りやすいのでおすすめです。また、付属のツールでバンドの長さ調整が可能なメタルバンドの時計なので、たくさん汗をかいたり、成長してサイズが変わったりしやすい中学生にぴったりです」（大宅さん）

時計について詳しく学べる

# 誌上見学 セイコーミュージアム銀座

**最後に、セイコーの製品を含めて様々な時計を目にしながら楽しめる施設「セイコーミュージアム銀座」をご紹介。副館長の宮寺昇さんと、沼尻守弘さんご案内のもと、さらに奥深い時計の世界を探検しましょう。**

所 在 地：東京都中央区銀座４丁目3-13セイコー並木通りビル
アクセス：地下鉄銀座線ほか「銀座駅」徒歩１分、地下鉄日比谷線ほか「日比谷駅」・地下鉄有楽町線「有楽町駅」徒歩２分
Ｕ Ｒ Ｌ：https://museum.seiko.co.jp/
開館時間：10：30～18：00 ※現在は１日３回（①10：30～12：30 ②13：00～15：00 ③15：30～17：30）に区切ってインターネットから入館予約受付中
休 館 日：月曜日・年末年始
入 館 料：無料

## 2F 常に時代の一歩先を行く

セイコーの創業者・服部金太郎の生涯をたどりながら、時計がどのように近代化していったかを学べます。国産初の腕時計「ローレル」の展示もこのフロアです。

「なにかを新しく始めるのは勇気がいるし、困難も伴います。それでも時代の一歩先を見据えて時計作りに勤しんだ服部金太郎の姿は中学生のみなさんにも一歩を踏み出す勇気を与えると思います」（沼尻さん）。こうした「一歩先」の精神は現代にも受け継がれているといいます。

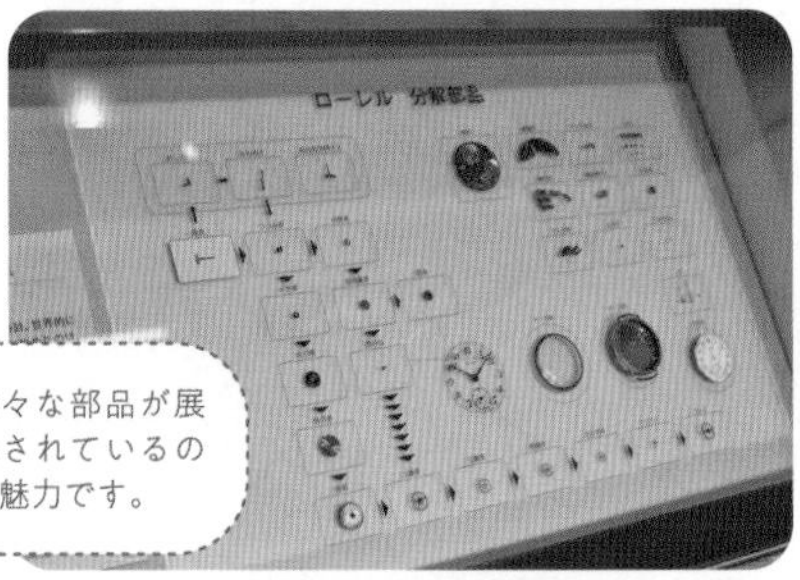

様々な部品が展示されているのも魅力です。

「ローレル」の分解部品

## 1F はじまりの時間

「はじまりの時間」と題した１階には、受付とミュージアムショップがあります。ここで受付を済ませたら、館内を自由に散策できます。

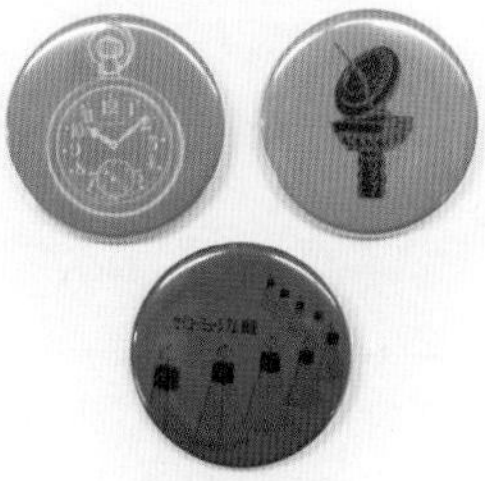

入館時にもらえる記念の缶バッジ。何種類もあるそうで、すべて時計がモチーフになっています。

## 3F 自然が伝える時間から人がつくる時間

「自然現象で時間を読み取っていた時代から、人間が自分たちで時間を読み取る機械として『時計』を発明したことがすばらしいと感じています。ここでは、そうした時計の原点を知ることができます」（宮寺さん）

多彩な和時計が並びます

いまのような時計がなかった時代に活用していた自然を利用した日時計や水時計、日本独自に発展してきた和時計などが展示された３階では、まるでタイムスリップをしたかのような気分が味わえます。

赤道型〈コマ型〉日時計（1700年代・中国）

## 5F いろいろな時間

上質な時間、止まらない時間、美しい時間、楽しい時間……。技術の追求はもちろん、「ものづくり」の観点からも、多様な価値観に合わせた様々な時計を開発しています。

セイコーを代表するブランド「グランドセイコー」

世界初のGPSソーラーウォッチ
「GPSソーラーアストロン」

上質な時間のコーナーには、前ページで大宅さんも憧れと話していた「グランドセイコー」の時計たちが。㊧の「GPSソーラーアストロン」は、止まらない時間のコーナーに飾られています。

## 4F 精巧な時間

セイコーの代表的な製品が一堂に会した圧巻のフロア。セイコーが生み出した世界初のクオーツ式腕時計「クオーツアストロン」をはじめ、見ているだけでワクワクする多種多様な時計がそろっています。

4F全景

1970年代前半に流行したカットガラスの腕時計

このフロアで個人的に好きなのはカットガラスの腕時計です。当時学生の間でも流行っていて、私も含めてみんなこれをつけていましたね」（宮寺さん）。シンプルな腕時計が主流だった時代に登場したカラフルな時計は、とても人気だったそうです。

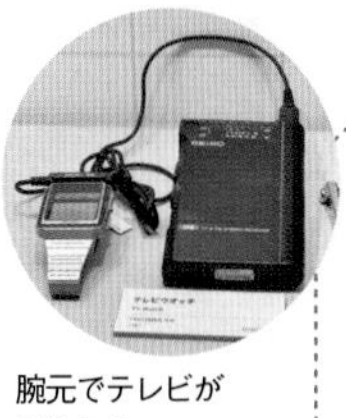

腕元でテレビが
見られる
テレビウォッチ

1980年代前半に世界で初めて開発された、現代のスマートフォンの先駆けともいえるテレビウォッチ。「2Fの紹介で『一歩先』の話をしましたが、二歩も三歩も時代を先駆けていたことになりますね（笑）」（沼尻さん）。そのほか、指で触ると時刻がわかる視覚障がい者用触読時計の展示なども。

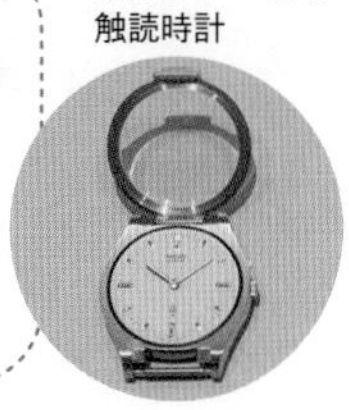

視覚障がい者用
触読時計

## B1F 極限の時間

1階～5階までとは様相を異にする地下1階は、アスリートや冒険家など、「極限」の世界に挑戦する人々を支える時計がずらり。時計の奥深さに触れられる空間です。

2009年の世界陸上で使われた機材と
スターティングブロック

深海や高山などで使うことを
想定して作られた時計の数々

深海作業に従事する方からの依頼を受けて、1975年に深海でも使える深海潜水用時計を開発。ダイビングをはじめ、登山、マラソン、釣りなど、様々な用途に応じた時計も世に送り出しています。

## Message

「このミュージアムは、ただ単にセイコーの時計を並べて展示するのではなく、世の中の動きとともに時計がどのように発展してきたのか、時計の歴史そのものを学べる構造になっています。しかも実物展示にこだわっているのが特徴で、ほぼすべて当時使われていた時計を飾っています。そのため、見て楽しめるのはもちろん、様々な発見もできる施設だと思います」（宮寺さん）

「時計は小さいものだと3～4cmという限られたスペースのなかに、本当に多くの部品が組み込まれています。それほど複雑な構造なのに、正確に時を刻んでいることから、時計のなかはまるで小さな宇宙が広がっているかのようだといわれるくらいです。ぜひ当館を訪れて、そんな時計の魅力をみなさんにも知ってもらいたいです」（沼尻さん）

Special School Selection

東京都　荒川区　男子校

# 開成《かいせい》高等学校

# 学校生活を主体的に送り人間力を高めていく

国内屈指の大学合格実績を誇る開成高等学校。しかし、その魅力は勉強面にとどまりません。互いの個性を尊重しつつ、様々なプログラムに取り組むことで、人間的にも大きく成長できる学校です。

## 2021年夏に新校舎の一部が完成

開成高等学校（以下、開成）は、1871年に、幕末の武士・佐野鼎《かなえ》によって「共立《きょうりゅう》学校」として創立されました。初代校長に就任したのは、のちに総理大臣も務めた高橋是清です。当時から現在まで「質実剛健」「進取の気性と自由」「自主自立」を大切にした教育が展開されています。現在の校名となったのは1895年のことです。その由来は中国の古典『易経』にある「開物成務」という言葉。「人間性を開拓、啓発し、人としての務めを成す」という意味があります。

2021年に、創立150年を迎えた開成。同年夏に新校舎の第1期工事が終了し、創立以来の精神を受け継いだ学びが新たな校舎で実施されています。

新校舎は地下1階～地上6階建て、普通教室のほか、広々とした体育館や小ホールなども備わっています。校舎の中央吹抜け部分にはテラスと階段があり、天気のいい日には生徒が集い語りあう場として活用されています。2023年には第2期工事が完了し、より施設が充実する予定です。新図書館には静かに読書するスペース

野水《のみず》 勉《つとむ》 校長先生

School data

所在地：東京都荒川区西日暮里4-2-4
アクセス：JR京浜東北線、JR山手線、地下鉄千代田線、日暮里・舎人ライナー「西日暮里駅」徒歩1分
生徒数：男子のみ1203名
ＴＥＬ：03-3822-0741
ＵＲＬ：https://kaiseigakuen.jp/

- 3学期制
- 週6日制
- 月～金6時限（7・8時限が選択授業）、土4時限
- 50分授業
- 1学年8クラス
- 1クラス約50名

に加え、友人と話しあえるスペースが作られるなど、憩いの場がさらに増えます。

## 個性豊かな仲間が集まり いい影響を与えあう

開成の1学年の生徒数は、約400人。その内訳は、高校からの入学生100人、開成中学校からの生徒が300人であるため、1：3という比率に不安を覚える方もいるかもしれません。

そこで野水勉校長先生に伺うと「高校から新しい仲間が増えることは、開成中学校から進学してくる生徒にとって大きな刺激になっていると思います。開成中学校とは異なる学校で学んできた個性豊かな仲間が入ることは、学校全体にいい影響を与えてくれています。近年は海外滞在経験のある生徒も15%ほどに増えているので、さらに多様性に満ちた環境です。

勉強の進度についても不安を感じるかもしれませんが、高1は高校から入学した生徒だけでクラスを編成するので心配ありません。行事などを通じて開成中学校からの生徒とも交流を深めつつ、高2からは混在クラスとなります。高校から入学した生徒へのアンケートでも、学校生活が『楽しい』『まあまあ楽しい』の回答が合わせて100%に届きそうなほどですから安心してください」と話されます。

開成は、生徒の個性を大切に考える学校であり、1人ひとりがありのままの自分でいることができる環境です。すべての生徒が学校のなかで自分の居場所を見つけ、それぞれに好きなことに打ち込める、そんな学校生活を送ることができます。

## 生徒の知的好奇心に 応える教員たち

個性豊かな生徒が集うだけではなく、小説家として本を出している、大道芸を極めているなど、ユニークな教員が集まっているのも開成の特徴といえるでしょう。

「先生方は、担当科目を教えられ

新校舎には、格言「ペンは剣よりも強し」に基づいて考案された校章がデザインされています（表紙写真参照）。中央吹抜け部分には生徒の憩いの場となるテラスが広がっています。

## 新校舎

完成したばかりの新校舎。運動会にかかわる委員会などの部屋も用意されています。

## 授業

生徒の知的好奇心を満たせるような授業が展開される開成。体育では、サッカーやハンドボール、ソフトテニスなど、様々なスポーツに挑戦します。

る力を持っていることはもちろん、生徒の要望に応えられる様々な引き出しや懐の深さも持っています」（野水校長先生）

開成には教科書に載っていることだけを学び、大学受験に必要な知識さえ身につければいいとしている授業はありません。教科書に載っていない別解について解説したり、身近なＳＮＳに潜む怖さについて深く考えたりと、教科書や教科の枠にとどまらない授業が展開されています。また、ときには授業で扱った本の著者を招いて講演会を行ってもらうといった取り組みも実施されているそうです。

多様な個性を持つ生徒の知的好奇心を満足させる、それが開成の教員、そして授業です。

## 海外大学志望者へのサポート体制が充実

開成といえば、例年東京大学や医学部などに多くの合格者を輩出する国内屈指の進学実績を誇る学校です。その一方で近年、海外大学への合格者数も伸びています。

　2021年春はコロナ禍の影響で減ったものの、2020年春は、10名が海外大学に進学。情勢が落ち着けば、今後さらに増加することが予想されます。

　その理由としてあげられるのが、海外大学進学希望者への充実したサポート体制です。7・8限目の時間を使って、おもにネイティブスピーカーの教員・講師がエッセイライティング、ディベート、インタビュー……と、海外大学進学に必要な英語力を身につけるための講座を毎日のように開いています。

　開成が多くの生徒に期待しているのは、「TOEFL iBT 80」もしくは「IELTS 6.5」レベルです。現在、高3の半分近くがこのレベルだといいます。しかし、海外のトップ大学への直接入学をめざすためには、「TOEFL iBT 100」もしくは「IELTS 7.5」のレベルが要求されており、高3の30名前後がこのレベルに達しているそうです。

　加えて、週3回、海外留学について相談にのってくれるカウンセラーが来校し、各大学について詳しく知ることができるカレッジフェアも年2回実施されています。

　長年、大学で国際教育にかかわってこられた野水校長先生は、海外で学ぶことのよさを「留学すると、異なる国籍の人々が切磋琢磨する環境に身をおくことができます。日本人が周りにいない状況のなか、マイノリティになることで、学ぶためにも友人を作るためにも、自分から積極的に行動しなければなりません。その経験が人間力向上につながります。また多様性を受け入れることの大切さを知ることにもなるでしょう。

　たとえ英語を流暢に話せるとしても、相手の立場を理解していなければ、うまくコミュニケーションをとることはできません。学生のうちから海外に飛び出すことで、英語での実践的なコミュニケーション力を身につけることができると思います」と話されます。

　今後は従来のサマープログラム（高1）に加え、交換留学や日本で学ぶ留学生との交流といった新たなプログラムも展開したいと野水校長先生は力強く語ります。

## みんなで協力して作り上げる運動会

　さて、開成は行事が盛んで、文化祭をはじめ学年ごとに実施する旅行、マラソン大会などが用意されています。そのなかから、ここでは運動会をご紹介しましょう。

　実施は例年5月。縦割りのチームが作られ、高3の指導を受けつつ練習に励みます。高校から入学した高1を指導するチーフには、自らも高校から開成に入った生徒が立候補することが多く、まだ学校生活に慣れていない高1の気持ちを理解したうえで指導を行うそうです。厳しくも温かみのある先輩の姿に憧れを抱き、運動会への熱い思いを下級生が受け継いでいきます。

　「本校の行事は生徒主体で進められ、教員はその様子を見守ります。スムーズに進まないときも多々ありますが、生徒同士で意見を戦わせながらまとめていきます。その過程を経験することが彼らを成長

### 海外大学進学サポート

廊下には海外留学に関する情報が掲示され、海外大学について様々な情報を聞けるカレッジフェアも開催されています。

させ、社会に出たときにも役立つ力を養います。

運動会と聞くと、運動が得意な生徒だけが活躍する場、とイメージするかもしれませんが、開成は違います。後輩を指導する、審判を務める、競技に使う用具を作るなど、それぞれの形で貢献し運動会を作り上げていくのです」と野水校長先生。

## 部活動やキャリア教育も生徒の思いを大切にする

ここまで開成の特色を色々とご紹介してきました。しかし同校の魅力はまだまだあります。

部活動では、行事同様、上級生、下級生とのきずなが深まります。また、同じ興味、関心を持った生徒が集まって活動する学校公認の同好会も数多くあり、生徒1人ひとりの個性を大切にしていることが感じられます。

キャリア教育として「ようこそ先輩」というプログラムもあります。生徒が話を聞きたい方に直接

### 文化祭

文化祭は例年、9月に実施されます。展示や演奏、縁日など、楽しい企画が盛りだくさんです。他校を招いて交流試合を行うこともあります。

### 旅行

行き先を含め、イチから生徒が企画する旅行。ラフティングをしたりうどんを作ったりと、教室を飛び出したからこそできる体験が待っています。

## 運動会

応援歌の作詞・作曲、応援席の装飾パネル作りと、様々な形で個性を発揮できる運動会。棒倒しや騎馬戦など、熱い戦いが繰り広げられます。

## 部活動

22の運動部、29の文化部、23の同好会が活動しています。

連絡を取り、講演をしてもらうもので、これまでに起業家や山梨県知事、新型コロナウイルス感染症の対応に奮闘する感染症専門医、劇団で役者をしている方、LGBTの権利向上にかかわる活動をしている方などが講師を担当したそうです。こうした活動を通じても様々な考えに触れることができるのです。

多様性を大切に、個性豊かな仲間に囲まれながら主体的な姿勢で物事に取り組み、充実した学校生活を送ることができる開成。

最後に野水校長先生は、「本校は生徒が新たな分野を切り開くことを奨励する学校です。互いのよさを認めあえる環境のなかで、やりたいことにどんどんチャレンジし、みなさんの持つ個性をとがらせてほしいのです。そのうえで海外にも飛び出し、たくましい人材に成長してくれるのを楽しみにしています」と話されました。

■2021年３月　大学合格実績抜粋　（　）内は既卒

| 国公立大学 | | 私立大学 | |
|---|---|---|---|
| 大学名 | 合格者数 | 大学名 | 合格者数 |
| 北海道大 | 9（5） | 早稲田大 | 213(105) |
| 東北大 | 6（4） | 慶應義塾大 | 173（65） |
| 筑波大 | 4（0） | 上智大 | 31（17） |
| 千葉大 | 17（5） | 東京理科大 | 57（34） |
| 東京大 | 146（39） | 国際基督教大 | 1（0） |
| 東京医科歯科大 | 10（2） | 学習院大 | 1（1） |
| 東京工業大 | 10（4） | 青山学院大 | 6（5） |
| 一橋大 | 10（2） | 中央大 | 13（9） |
| 名古屋大 | 1（1） | 法政大 | 4（1） |
| 京都大 | 10（6） | 明治大 | 28（18） |
| 大阪大 | 1（0） | 立教大 | 5（4） |

写真提供：開成高等学校　※写真は過年度のものを含みます。

## 私立高校 WATCHING

東京　小金井市　共学校

# 中央《ちゅうおう》大学《だいがく》附属《ふぞく》高等学校

## 「自由と責任」を重んじる校風で 中央大学の基幹学生を育てる

「自主・自治・自律」を体現する多様な取り組みを実践する中央大学附属高等学校。中央大学の附属校としての高大連携教育も魅力です。

石田《いしだ》 雄一《ゆういち》　校長先生

所在地：東京都小金井市貫井北町3-22-1　アクセス：JR中央線「武蔵小金井駅」・西武新宿線「小平駅」バス　生徒数：男子549名、女子608名　TEL：042-381-5413
URL：https://www.hs.chuo-u.ac.jp/

⇨３学期制　⇨週６日制　⇨月～金６時限、土３時限　⇨50分授業
⇨高１・高２は９クラス、高３は10クラス　⇨1クラス40～45人

## 「真の自由」が根づく中央大学の附属校

「自主・自治・自律」を基本精神とする中央大学附属高等学校（以下、中大附属）。校則も制服も定められておらず、1人ひとりが責任感を持ちながら様々なことに主体的に取り組み、他者の自由も尊重する。そんな「真の自由」が大切にされている学校です。

2021年4月から同校の校長を務める石田雄一先生は「例年、文化祭は生徒主体で進めているという話は聞いていましたが、コロナ禍での文化祭について実行委員の生徒が私のもとに改善策を相談に来たのには驚きました。まさに『自主・自治・自律』の精神が根づいていることを感じた瞬間でしたね」と話されます。

生徒が議会を開いて学校側と様々な交渉をすることも可能で、過去には校内に設置された自動販売機の飲料水の価格を交渉の結果、130円から100円へ値下げすることが認められたそうです。

また中央大学（以下、中大）の附属校として、例年85％の生徒を内部推薦制度によって同大へと送り出しており、中大の建学の精神「實地應用ノ素ヲ養フ」（実地応用の素を養う）を重視するとともに、中大の「基幹学生を養成する」という役割を担っているのも特色です。

中大の法学部教授でもある石田校長先生は「私が受け持つゼミでは、中大附属の卒業生が中核となる存在、いわゆる『ファシリテーションリーダー』として周りの学生を引っ張ってくれています。それは『教養総合』をはじめとする特徴的な取り組みを通して、大学や社会で役立つ『実地応用の素』を十分に身につけているからだと思います」とも語られます。

なお、残る15％の生徒は中大以外の難関大学へ進学しており、彼らも中大附属で培った力を活かして各大学で活躍しています。中大の推薦資格を保持したまま受験にチャレンジできる制度（※）もあり、進学においても生徒の意思を尊重し、幅広い希望に対応できる制度を整えています。

## 幅広い学びを展開する「教養総合」の時間

「全教科主義」のもと全員が多様な教科を学ぶ中大附属。先ほど石田校長先生の話にあった「教養総合」とは、「実地応用の素」を身につけられる教育の柱ともいえる学校設定教科で、3年間を通して探究学習に取り組みます。

まず高1の「教養総合Ⅰ」では、自身の興味関心を出発点として、探究学習における「問いの立て方」を学んでいきます。

人工芝のグラウンドに面する１号館（左）と、講堂（右）

「探究学習は単なる調べ学習ではありませんから、調べ学習の域を超えるために『独自の視点』が必要です。例えば、歴史に興味のある生徒が、歴史上の出来事を本当に起こったことか調べるのは調べ学習です。しかし、そこからさらに一歩進んで、小説や映画などでその歴史上の出来事がどのように描かれているのか、なぜそのように描かれているのかといった独自の視点で比較していくと、それがその生徒ならではの『研究』になっていくのです」（石田校長先生）

続いて、「教養総合Ⅱ」（高2）は、従来から修学旅行の代わりに行われてきた研究旅行を発展させたもので、豊富に用意されたコースのなかから好きなものを選び、事前学習、現地調査、事後発表に臨みます。

コースは、ポーランドでアウシュヴィッツ＝ビルケナウ強制収容所について学ぶもの、マレーシアのジャングルで自然を調査するも

※国公立大学はいずれの学部・学科も可能、私立大学は中大にない学部・学科のみ可能

の、北海道で自然と観光を学ぶもの、東北をめぐりながら防災について考えるものなど、多種多様です。コロナ禍においても海外の訪問先を国内に振り替えたり、オンラインで現地の方に話を聞いたりと、色々な工夫を凝らしながら実施したのだといいます。

そして高3になると、「教養総合Ⅲ」で「文化研究」「社会研究」「数理探究」といった選択科目を履修して大学での学びを体感するとともに、集大成として卒業論文や卒業研究を完成させます。

「『オーロラ帯における異常伝搬の特異性～日本との比較～』『三角形における包絡線により定まる楕円の性質』は高校生とは思えないほど本格的な研究で、各種コンテストで優秀な成績を収めています。読んでみると内容が本当に高度で驚きましたね。ほかにも雑誌の変化を分析して時代の変化を読み解く『雑誌ベストカーと中年男性の消費社会』という研究は着眼点がユニークで思わずうなりました。

こうした調査・研究に欠かせないのが、18万冊以上を所蔵する図書館の存在です。蔵書はすべてキーワード検索できるようにデータベースを構築し、パソコンやプロジェクターも完備しています。様々な授業でも積極的に活用している、本校の学びの拠点となっている施設です」（石田校長先生）

## 理数、読書、英語……多彩な取り組みも魅力

特色あるプログラムは、教養総合だけではありません。例えば、スーパーサイエンスハイスクール（SSH）として、研究者を招いて行う「SSH講演会」や、周辺の都立立川高校、都立多摩科学技術高校との連携教育、中大理工学部教授による卒業研究指導などを実施。「100冊の課題図書」は多様なジャンルから選ばれた課題図書を3年間かけて100冊読むというもので、読書を通して読解力や思考力を養います。

石田校長先生はグローバル教育の一環として高1～高3で週2時間行う「Project in English」について、「これは単なる英会話の授業とは異なる、プロジェクト型の授業です。高1は『日本と世界のつながり』、高2は『世界が抱える諸問題』をテーマに、英語でのディスカッションやポスター作成、プレゼンテーションを行います。そのうえで高3は自分の卒業論文・研究の内容を英語で伝える動画を作成します。内容がよく伝わるよ

### 特色ある取り組み

卒業研究や教養総合などの成果披露の場が、例年2月に行われる「SSH成果発表会」です。校内各所でポスター発表を実施します。

1. Project in English　2.卒業研究での実験　3. 教養総合　4. SSH成果発表会

うにわかりやすい英語表現で説明するなど、それぞれが工夫をしているのには感心しました。

　私もこうしたプログラムを高校生のころに体験していたら、人生が変わっていたのではないかと思うほどすばらしい取り組みだと感じます」と話されます。

## 充実した連携教育を実施 将来につながる3年間を

　最後に、中大との連携教育をご紹介しましょう。オープンキャンパスはもちろんのこと、大学の学問に触れられる機会として「文学部特別公開講座」「経済学部・商学部 学部選択セミナー」「総合政策学部 授業聴講」「ステップ講座」「経済学部 科目等履修生」などを用意。高3の3学期には、各学部で入学前教育プログラムが実施されています。

　中大経理研究所主催の「簿記講座」を受講すれば、高校生のうちに日商簿記検定1～3級に挑戦でき、簿記講座を受講した卒業生のなかには大学2年生で公認会計士に合格した方もいるそう。

　さらに大学卒業後のことを考える機会として、中大キャリアセンター講師の方による「キャリア講演会」を開催しています。また、卒業生が来校する機会も多く、その姿が在校生のいい刺激になっているのだといいます。

　「卒業生は口をそろえて『中大附属での3年間は本当に輝いていた青春だった』と話してくれます。

　私自身は中大附属の卒業生ではありませんが、そうした話を聞くと、すばらしい高校生活を送ることができる学校なのだろうと感じます。そんな3年間を送りたい方はぜひ本校に入学してください。

　そして『教養総合』をはじめとする多彩な取り組みを通して、どんな状況でも生き延びる力を身につけてください。AI（人工知能）の発達が進むこれからの時代に必要なのは自らの力で道を切り開いていく力です。

　高校時代は色々な悩みを抱える時期でもあるかもしれませんが、本校での3年間を将来につながる3年間だととらえ、『生き延びる力』を鍛えていってほしいです」（石田校長先生）

**行事・部活動**
生徒主体で行う体育祭や文化祭などの行事が盛んなことに加え、水球部やマンドリン部、ライフル射撃部などの珍しい部がそろっているのも魅力です。

5・6. 体育祭　7.文化祭　8. 水球部　9. マンドリン部

写真提供：中央大学附属高等学校　※過年度のものも含みます。

■2021年3月卒業生
中央大学進学状況

| 学部 | 進学者数 |
|---|---|
| 法学部 | 105 |
| 経済学部 | 67 |
| 商学部 | 64 |
| 理工学部 | 28 |
| 文学部 | 37 |
| 総合政策学部 | 23 |
| 国際経営学部 | 9 |
| 国際情報学部 | 8 |

ワクワクドキドキ
熱中部活動

豊島学院高等学校《としまがくいんこうとうがっこう》〈共学校〉

# 空手道部

## 型・組手・琉球古武道から注力したいものを選べる

**豊島学院高等学校の空手道部は、隣接する昭和鉄道高等学校と合同で活動しています。極真会館という空手の流派に属しており、例年流派の大会や昇級審査にも希望者が参加しています。**

今回紹介してくれたのは

高2部長　金子《かねこ》 颯《はやと》さん

School information
所在地：東京都豊島区池袋本町2-10-1　アクセス：東武東上線「北池袋駅」徒歩7分、都営三田線「板橋区役所前駅」・JR山手線ほか「池袋駅」徒歩15分　TEL：03-3988-5511　URL：https://toshima-gakuin.jp/

### 全員が「型」「組手」を行いさらに専門の種目を1つ選ぶ

極真会館という流派の空手に、700年以上前から沖縄に存在していたとされる武器術「琉球古武道」を取り入れている豊島学院高等学校（以下、豊島学院）の空手道部。活動は校舎が隣接している昭和鉄道高等学校と合同で行い、合わせて32名の部員が日々切磋琢磨しています。

現在の空手は沖縄独自の拳法「沖縄唐手」がもとになっているといいます。沖縄唐手は明治時代に本土に伝わり、「空手」として発展していくにつれて様々な流派が生まれました。そのなかで、相手の身体に攻撃を当てない「伝統派空手」と呼ばれる流派の空手は、全国高等学校総合体育大会の種目になっていますが豊島学院では取り入れていません。

豊島学院で行っている空手の流派は「極真会館」という、相手の身体に攻撃を当てる「フルコンタクト空手」の1つです。子どもから大人まで幅広い年代の人々に門戸が開かれている実戦的な流派で、海外にも多くの道場があり、国内の大会だけでなく世界大会なども開催されています。

空手は「型《かた》」と「組手《くみて》」に大きく

## 型

文化祭で「型」を披露する様子。ほかにも体験入部などのイベントでは「型」の防御の動作を抽出した護身術も行います。

## 組手

「組手」の練習ではミットを使用します。鋭い技は衝撃で受け手がのけぞるほどの威力があります。

分けられます。

「型」は攻撃と防御を組みあわせた一連の動作「演舞」を行い、技の正確性や動作の美しさなどを競う競技です。「組手」は1対1で相手と戦います。

空手道部では全員が「型」と「組手」を行い、そのうえでそれぞれがとくに力を入れて取り組むものとして「型」と「組手」、型の一部に武器を使用する「琉球古武道」から1つを選択します。空手が強い部員だけが活躍するのではなく、多くの部員がやりがいを持って活動できるようにしたい、という顧問の先生の考えから、選択肢を増やすために琉球古武道も取り入れているそうです。なお、沖縄唐手では琉球古武道と空手は「車の両輪」のような関係と考えられており、共に学ぶことで技をより極められるといわれています。

例えば、部長である高2の金子颯さんは琉球古武道を選択し、トンファーという武器を使用しています。

「トンファーはとてもかっこいい武器なのですが、初めは手元で回す動作がとくに難しくて、自在に扱えるようになるまでたくさん練習しました。空手の技は実際にやって身体で覚えないと習得できないところが大変ですが、努力すれば必ず身につくので、部の活動を通して根性も養えたと思います」(金子さん)

武器はトンファーのほかに棒、釵《サイ》、ヌンチャクなどがあり、琉球古武道を選択した部員は高1の9月ごろにどの武器を使うか希望を出します。

一方、「組手」は極真会館のルールに則り、相手の身体に技をぶつけます。顔への打撃以外はすべて有効となるため、「組手」の際はけが防止のためのグローブやサポーターなどをつけ、周囲との間合いにも気をつけるなど、安全に配慮しています。

### 基本からしっかりと覚え 希望者は昇級審査に挑戦

普段の練習では、まずウォーミングアップとして空手の基本となる突きや蹴りなどの技を練習してから「型」や「組手」を行います。入部したばかりのころは難しいことはせず、基本の突き、蹴りの技をしっかりと覚えることから始めるので、運動が苦手な生徒も練習についていきやすいといいます。

「ぼくは小学生のころに空手を習っていて、高校に入ったときにもう一度空手をやりたいと思い入部しました。ただ、小学生や中学生のと

## 琉球古武道

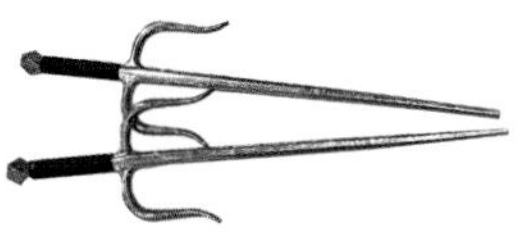

釵

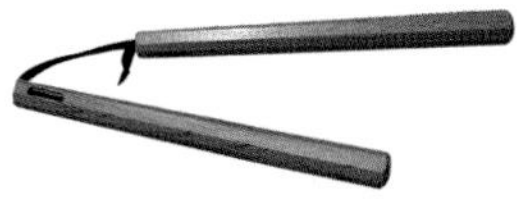

ヌンチャク

琉球古武道は様々な武器を使う武器術です。豊島学院の空手道部ではトンファー㊤や棒㊨のほかに釵、ヌンチャクなどが選択できます。

空手の技で木の板を割る「試割」を行う金子さん。突きや蹴りをした手足が痛くなりそうですが、金子さんに聞くと集中力が高まっていると痛みをあまり感じないそうです。

画像提供：豊島学院高等学校 ※写真は過年度のものを含みます。

きに空手をやっていた経験者は数えるくらいしかいません。また多くの人が想像するような空手の道場のイメージとは異なり、上下関係もあまり厳しくないフレンドリーな雰囲気の部です。そのため、1年生も先輩と積極的にコミュニケーションをとっています。ぼくも後輩に頼られれば嬉しくて『型』や技についてわからないところを聞かれたらどんどん教えています」と金子さんは話します。

　基本の技ができるようになったら「型」を習い、その後「組手」を練習します。希望すれば、極真会館で定期的に開催されている昇級審査にも参加することができます。審査では拳を握った状態で腕立て伏せをして空手に必要な体力が備わっているかが確かめられ、空手の基本技や「型」も審査されます。合格すれば帯の色が白から、オレンジ（9・10級）、青（7・8級）、黄（5・6級）、緑（3・4級）、茶（1・2級）と進んでいきます。

## 部員それぞれが目標を定め日々の練習に打ち込む

　例年、文化祭では「型」の演舞や、木の板を割るパフォーマンス「試割」を観客の前で披露します。

「高1のときの文化祭は、初めて部員以外の生徒の前で空手を披露したため、とても緊張しました。本番では少し間違えてしまったところもありましたが、入部してからずっとこの発表に向けて練習していたので、終わったときはとても達成感がありました。さらに2021年は後輩を引っ張りながら、昨年うまくいかなかったところは反省を活かして、発表を行えました」（金子さん）

　そのほか、12月には部内大会を開催し、日ごろの練習の成果を確認しあいます。コロナ禍のため、ここ2年間は見合わされましたが、例年であれば極真会館の流派内で行われる大会に希望者は出場することもできます。空手道部の卒業生のなかには、流派内の全国大会で優秀な成績を収めた部員もいます。

　金子さんは流派の大会について、「いつもは初心者でも挑戦したいと思えば1年生のときから流派の交流試合や大会に出られるのですが、2020年以降は新型コロナウイルス感染症の影響で大会には出場することができていません。ぼくもまだ大会経験がないので、コロナ禍が収まったら大会に出場して、この2年間でどれだけ強くなれたのか確かめてみたいです」と話します。

　このように、豊島学院の空手道部では、部員が文化祭の発表や部内大会のほか、希望者は流派の昇級審査や大会を目標に練習に励んでいます。練習が厳しいと感じることもあるそうですが、部員1人ひとりがやりがいを感じながら熱心に活動に取り組んでいます。

### 勉強 先輩からのアドバイス 受験

高2
**金子 颯さん**

**Q豊島学院の特徴について教えてください。**

　この学校は隣にある昭和鉄道高等学校と校舎が連絡通路でつながっていて、自由に行き来できるところがおもしろいと思います。空手道部以外の部活動も昭和鉄道高等学校と合同で行っているものがあります。

**Q高校受験の時期の勉強で工夫していたことはなんですか。**

　授業中にわからないことが出てきたら、板書を書き写したノートのその箇所に線を引いて、すぐ先生に聞きにいき、わからないままにしないようにしていました。

**Q空手道部で身についたことで大学受験に活かせると思うことはありますか。**

　活動のなかで培った根性や集中力です。空手の技は身体で覚えるもので、先生や先輩に教えられただけでは習得できません。例えば突きであれば、拳を回すタイミング、力を入れるタイミングなどを理解するまでコツコツ練習します。成果が出るまで地道に頑張ることは大変ですが、努力はきっと報われると思います。

**Q最後に読者へのメッセージをお願いします。**

　豊島学院は生徒と先生の距離が近くてなんでも相談しやすいことが魅力の学校です。勉強についての質問も疑問に思ったときにすぐにしやすいので、ぼくは高校に入ってから成績が伸びました。

　空手道部もフレンドリーな雰囲気が魅力です。練習は大変なこともありますが、部の活動のなかでそれぞれが挑戦したいことを見つけて努力するうちに空手に熱中していきます。なにより、自分で掲げた目標を達成するために頑張るのはとても楽しいです。興味があれば豊島学院に見学にきてください。

## 東京都立駒場《こまば》高等学校

なにか1つではなく、様々なことに全力で取り組める環境が整う駒場。普通科の生徒と保健体育科の生徒が切磋琢磨し、大学受験、そして部活動においても高い実績を残しています。

所在地：東京都目黒区大橋2-18-1
TEL：03-3466-2481
URL：http://www.komaba-h.metro.tokyo.jp/site/zen/
アクセス：京王井の頭線「駒場東大前駅」・東急田園都市線「池尻大橋駅」徒歩7分

Grow up

# 伸びてる都立

国公立大学をはじめとする難関大学への合格者数を伸ばしている東京都立高校を取り上げる「伸びてる都立」。今回は、駒場と竹早を取り上げます。進学指導特別推進校の駒場、進学指導推進校の竹早、ともに生徒の主体性を大切に、Chance（機会）、Challenge（挑戦）、Change（成長）の3つのCを重視した教育を展開しています。そのことが、近年のめざましい進学実績につながっているものと編集部ではみています。そんな、いま注目の両校について、小林正基校長先生（駒場）、堀切哲弥校長先生（竹早）を訪ねて、それぞれの学校の魅力を語っていただきました。

※写真は各校提供（過年度のものを含む）

## 東京都立竹早《たけはや》高等学校

授業はもちろん様々なプログラムや学校行事においても生徒の主体性を育んでいる竹早。自主自律の校風のもと、高い学力と幅広い力を備えた人材を育成している学校です。

所在地：東京都文京区小石川4-2-1
TEL：03-3811-6961
URL：http://www.takehaya-h.metro.tokyo.jp/site/zen/
アクセス：地下鉄丸ノ内線「茗荷谷駅」徒歩10分、地下鉄丸ノ内線・南北線「後楽園駅」徒歩12分、都営三田線・大江戸線「春日駅」徒歩13分

# 東京都立 駒場 高等学校

## 普通科と保健体育科の２つを設置 どの生徒も学校生活に全力で

小林《こばやし》 正基《まさき》　校長先生

### 仲間と刺激しあいながら 大きく成長できる

２０２２年に創立１２０周年を迎える東京都立駒場高等学校（以下、駒場）は、普通科と保健体育科（以下、保体科）の２科を有する学校です。

小林正基校長先生に、そのよさを伺うと、「２つの科のいいとこ取りができることです（笑）。保体科では、男子サッカーや女子バレーボールなど９種目から専攻を選ぶ形になっていて、授業と部活動を通じて技術を磨いていきます。そのため、４万㎡を超える敷地に、様々な運動施設がそろい、各種目を専門的に指導できる９人プラス１人の計10人の常勤の保健体育科教員が配置されています。加えて、進学指導特別推進校に指定されていることから、保健体育科以外も高い指導力を持った教員が集まっています。

また、部活動や行事を通じて生徒同士の交流が生まれ、刺激しあえるのも魅力です。とくに部活動は、９つの運動部で保体科の生徒と普通科の生徒がともに活動することが学校全体にいい影響をもたらしていると感じます。保体科の生徒は部の中核になろうと励みますし、普通科の生徒もレギュラーになろうと頑張るわけです。彼らに影響を受けて、その他の運動部、文化部も熱心に活動しています」と話されます。

そして３年間の高校生活を送るうえで大切にしてほしいと語るのは「どの活動にも全力で取り組むこと」。駒場には普段の授業はもちろん、部活動や行事、理数研究校としてのプログラムや海外語学研修など、生徒が輝ける場が数多く用意されています。

「様々なChanceにChallengeして、Changeする。この３つのCがなければ、いい学校とはいえないと思います。私たち教員の役目は、生徒に様々なChanceを用意し、Challengeしやすい環境を整え、Changeを促すことです。生徒はChangeしたことで、新たなChanceに出会い、前回よりも高いレベルでChallengeできる、その結果さらにひと回り大きくなる……らせん状につながった階段を上って卒業していきます。そのなかで、人間力を向上させ、社会のリーダーとなる人材に成長してほしいです」（小林校長先生）

### 「広く深く学ぶ」 独自の単位認定制度を導入

それでは、駒場の具体的な学びについてみてみましょう。なお、２０２２年度から新学習指導要領に基づき「広く深く学ぶ」ことが意識されたカリキュラムに変更されます。

普通科の特徴は、高１、高２で「学期ごとの単位認定」制度を取り入れ、高３から文系、理系に分かれること。高１の１学期と２学期で数学Ⅰを履修し、３学期の３カ月間は数学Ⅱを先取りします。そして高２の１学期・２学期に数学Ｂのほか、歴史総合、化学基礎も

150人収容可能な自習室（左）や年間を通じて使用できる温水プール（下）など、施設が充実しているのも魅力です。

大学の先を見据えて将来に役立つ力を育む授業（上）が展開される駒場。理数教育校として、大学の教授から指導を受ける授業（右）もあります。

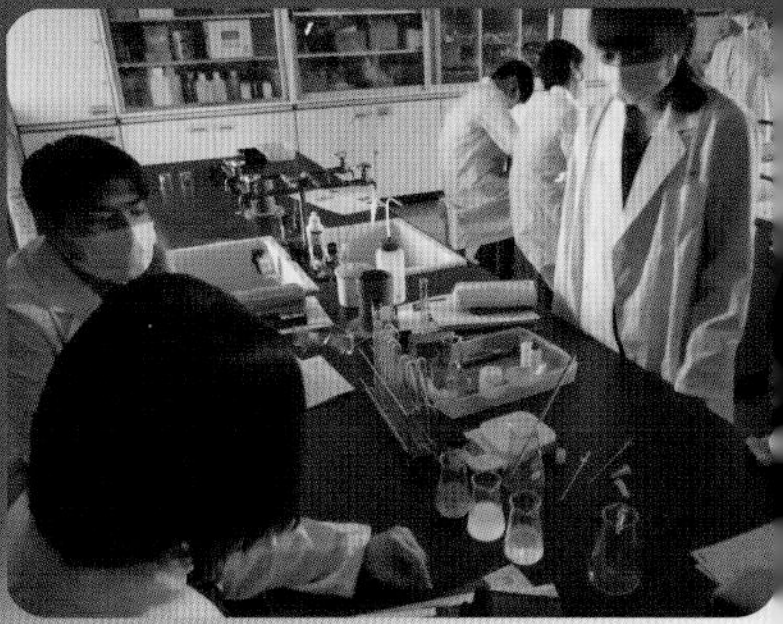

終えて単位を認定、3学期にはそれぞれ「精選数学C、精選歴史探究、精選化学（学校設定科目・仮称）」と、さらに深く学ぶ内容に入っていきます。一見、通常の先取り学習に感じられますが、そこには大きな意味があるそうです。

「制度化することで、4つの科目については、高1の初め、高2の初めにそれぞれ上位科目の教科書を持っていることになります。勉強の道筋を知ることができますし、たとえ文系に進む生徒であっても理系の化学や数学を、理系に進む場合でも、文系の日本史、世界史を3カ月間は学習することになります。高校は、大学受験のためだけに勉強する場ではありません。その先を見据えて学ぶことが大切です」（小林校長先生）

一方保体科は、前述の通り9種目の専攻（男子サッカー、男子バスケットボール、女子バスケットボール、女子バレーボール、男女体操競技、男女水泳競技、男女陸上競技、男女柔道、男女剣道）から1つを選び、技術向上に取り組みます。スポーツ概論やスポーツ総合演習といった独自の科目が設置されるとともに、高1で遠泳実習、高2でスキー実習、高3でキャンプ実習が組み込まれています。高2では歴史総合→精選歴史探究の「学期ごとの単位認定」制度が取り入れられる形です。

どちらの科においても、総合的な探究の時間にキャリア教育が実施されます。「社会で活躍する方々に話を聞き、課題探究に取り組むことが、『この分野を深く学びたい』『将来こういう大人になりたい』『自分の力で社会を変えていきたい』といった気持ちを持つきっかけになると考えています。そうした主体的な気持ちが、学習にもいい影響を与えていくでしょう」と小林校長先生。

## 自主学習に励み 部活動でも実績を残す

年3回行われる模試は、結果を科目ごとに分析し、教員同士はもちろん、生徒とも情報を共有し、普段の授業に活かしています。

また自主学習の支援体制も万全です。これまで80人程度しか入れなかった自習室を150人まで入れるようにしました。卒業生や定年退職した元教員が常駐し、生徒をサポートします。さらに、職員室前にも机やイスが置かれており、いつでも教員に質問できる環境が整えられています。

「受験勉強をする高3の背中を見て、高1、高2も真剣に自主学習に励むという流れができています。自習室は19時50分まで使用可能なので、部活動を終えてから来る生徒も多いですね」（小林校長先生）

結果としてここ数年、国公立大学へは平均約80人を輩出。さらに、難関私立大学への合格実績が伸びているのも特徴です。2018年春の早慶上理85人、G-MARCH275人から毎年合格者数を増やし、2021年春は早慶上理に132人、G-MARCHに384

普通科、保体科の生徒の交流が生まれる部活動（左：バレーボール部）や行事（左下：都駒祭、下：体育祭）。駒場生はいずれの活動にも一生懸命に取り組みます。

人が合格しました。今後は「広く深く学べる」新カリキュラムのもと、国公立大学を含め、さらに実績を伸ばしていくことが期待されます。

特筆すべきは、多くの生徒が部活動にも取り組みながら志望校合格を果たしていること。２０２１年度を例にみると、生徒数９５５人のうち、９３４人が部活動に参加しています（兼部含むのべ人数）。そして２０２１年度は駒場フィルハーモニーオーケストラ、新聞部、百人一首部が全国大会出場、女子バレーボール部、陸上競技部、体操競技部、水泳部、演劇部が関東大会出場の活躍をみせています。

## 生徒も教員も熱い思いで3C実現をめざす

さらに、行事にも全力で臨むのが駒場生の姿です。コロナ禍においては、中止や変更を余儀なくされたものもありますが「コロナ禍だからできないではなく、どうすればできるかを考えてほしい」（小林校長先生）との思いから、２０２１年度の都駒祭《とりこまさい》（文化祭）は一般公開はしないものの、２日間にわたって分散登校の形で実施されました。

「実現できたのは、実行委員の『なんとか都駒祭を実施したい』という思いからです。校長室にその思いを告げにきてくれたとき、打ち上げ花火についても相談されました。駒場では例年、花火職人の方を招いて校内で花火を打ち上げています。生徒は『不謹慎に感じる方もいるかもしれない。今年は中止した方がいいのか……』と悩んでいたようです。

そこで、各地の花火大会には意味があることを伝え、駒場生が花火を打ち上げる意味はなにかと問いかけました。すると後日、『戦没者慰霊や鎮魂のために行われているものがあるようです。駒場では、充実した学校生活が送れていることの感謝を込めて実施します』と報告してくれました」と笑顔を見せる小林校長先生。

「行事を中止にするのは簡単。しかし生徒のChanceを奪ってはいけない」という思いは、全教員に共通しているものです。例えば8月末のキャンプ実習（保体科）においても同様でした。現地から「まん延防止等重点措置の影響で、受け入れが禁止になった」と連絡が入ったのは本番10日前。教員が協力して代替施設を探し、1週間前には行き先変更を決定、無事に実習を終えたといいます。

生徒も教員も、3C実現のため、熱い思いを持って行動する駒場。最後に小林校長先生は「志望校を選ぶ際は、自分はどんな3Cを求めているのか、という視点を大切にしてください。強い気持ちを持てば、偏差値や通学時間などの壁があっても乗り越えられるはずです。駒場には、みなさんの期待に応えられる環境が整っています。高校生活に悔いを残さないためにも、Chanceを活かして、何事にも全力で取り組みましょう」とメッセージをくださいました。

# 東京都立 竹早 高等学校

## 「自主自律」の精神が活きる 卒業後を見据えた多様な学びの数々

堀切《ほりきり》 哲弥《てつや》 校長先生

### 合格実績の伸長を支える 充実した学習環境

1900年に東京府立第二高等女学校として創立された東京都立竹早高等学校（以下、竹早）。「自主自律」を教育目標に掲げ、これからの時代に活躍できる人材を育んでいます。とくに21世紀型スキルと呼ばれる、主体的に学ぶ力や多様な人々と協働する力などの涵養を重視して様々な教育を行っています。2021年度から校長を務める堀切哲弥先生は次のように話します。

「SDGsでもうたわれている『持続可能な社会』の作り手として、自ら行動することができる生徒の育成をめざしています。本校は規定の制服もありませんし、授業や行事では生徒自身が考えて動けるよう促す校風です。

また、『3C』を大事にしようということをつねづね伝えています。学校は成長（Change）するのが目的の場ですから、色々なChanceをとらえて、積極的にChallengeしてほしいと考えています」

「自主自律」の精神で主体的に学び続ける力を養う竹早。その力はもちろん大学受験でも発揮されています。なかでも国公立大学の合格実績は年々増加している傾向で、2017年の41人から52人→68人→71人と堅調に推移し、2021年春には81人を記録。その理由について堀切校長先生に伺うと、「学年で統一した指導をしていたことが大きかったようです。例えば模試の返却時には資料を作成して、全国平均とその学年との比較や、教科ごとの分析を行っていました。

さらに、進路指導は3年間を通して計画を立て、高1の段階から大学について考えてもらえるように、独自の進路手引きを作って配付しています」と語ります。

竹早では、自習室のほかにも自習スペースとして図書室や視聴覚室などを広く開放しており、平日は19時まで自習が可能です。卒業生がサポートティーチャーとして在校生の勉強や進路についての質問を受ける「竹早塾」というシステムもあり、生徒の学力向上を支えています。なお、長期休暇中の講習では、生徒は必要な講座を自由に選択できます。

「特徴的なのは、時間割を組んで講座が重ならないようにしていることです。なかには担当教員が空いている時間でそれぞれ開講する学校もありますが、本校の場合は日にちや時間帯の枠を設定し、被りがないように実施しています。これを『パッケージ型』と呼んでおり、受けたい科目や講座が被ってしまって取れない、という事態を避けられるようにしているんです」（堀切校長先生）

### 多数の指定を受け 幅広いプログラムを用意

こうした取り組みによって大学合格実績を年々伸ばしている竹早ですが、その魅力は単なる教科学習の充実にとどまりません。進学

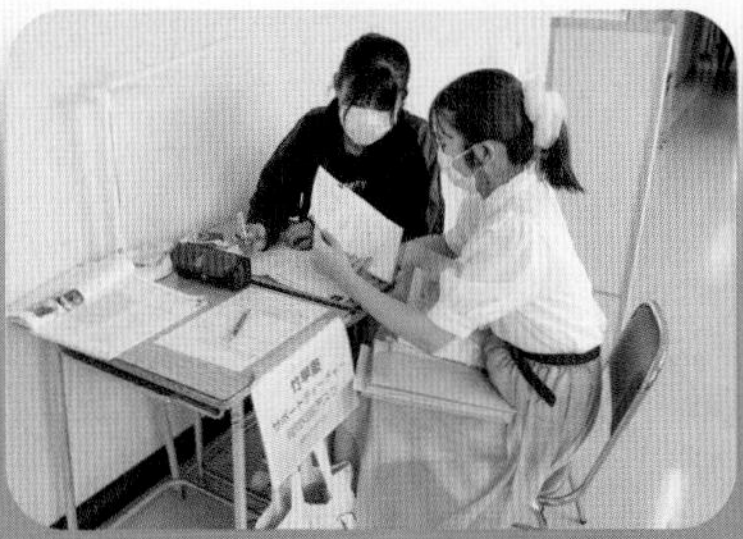

数々の指定を受ける竹早。城ヶ島での巡検（上）は理数研究校、竹早塾（右上）は進学指導推進校、Tスクエアトーク（右下）は海外帰国生徒受入校としての取り組みの1つです。

指導推進校をはじめ様々な指定を受ける同校は、生徒の知的好奇心や探究心を刺激するプログラムを多数用意しています。

　例えば理数研究校としては、校内外で本格的な講座やイベントを実施しています。２０２１年度は東京都立大学の教授を招いて「はやぶさ2」に関する話を聞いたり、城ヶ島（神奈川県）を巡検し、地層の観察を行ったりしました。そのほかにも東京大学や早稲田大学での研究室訪問などがあり、理系学部への進学を希望する生徒にとっては進路を考えるきっかけにもなっています。

　続いて、英語教育推進校としての取り組みでは、GTECの全員受験やTOKYO GLOBAL GATEWAY（TGG）での研修などがあります。普段の授業では4技能の習得が重視されており、ディベートやインタビューテストの実施、ニュースやラジオ教材の導入によって、話す力や聞く力も強化しています。

　加えて、海外帰国生徒受入校に指定されているため、各学年15人の定員で海外に滞在していた生徒が在籍している環境です。「帰国生が在校生に向けて自分の滞在した国を紹介する『Tスクエアトーク』という催しを行っており、イタリアやタイ、中国など多様な国の料理や観光地、現地での生活などについて話してもらっています」（堀切校長先生）

　また、以前から探究学習に力を入れているのも竹早の特徴です。学年を追って、より難易度の高い学びにチャレンジできる仕組みになっており、3年間かけて生徒自身の興味関心が深まるように設定されています。

　高1では学期ごとに異なるテーマを学習します。例えば２０２１年度は1学期に難民問題、2学期には国際理解をテーマに講演会などを実施し、自らリサーチクエスチョンを立てて個人研究を行いました。高2では自分で定めたテーマに沿って仮説を立てて検証し、論文にまとめてプレゼンテーションをします。

「生徒それぞれが自分の興味関心にじっくり向きあってほしいという思いから、グループ研究ではなく個人研究の形をとっています。今後は、色々な分野の講演会を通して高1のうちに自らのテーマを決めてもらい、3年間を通して研究を進めてもらおうと考えています」と堀切校長先生が語るように、独自の探究学習はさらに進化していく予定です。

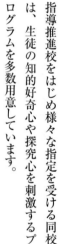

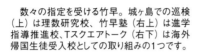

## 2022年度から変更される カリキュラムの特徴

　さて、２０２２年度からは新学習指導要領に沿ってカリキュラムも大きく変更されます。これまでは高2で文系・理系を選択していましたが、高1・高2が共通履修に。高3で進路に合わせて国立・私立のそれぞれで文系と理系に分かれます。

　その意図について堀切校長先生は「将来どんな道に進むとしても、幅広く学んでおくことが役に立つはずです。いままでは、高1の秋には文理選択を迫られるため、『数学が苦手学校行事が盛んなところも竹早の魅力です。本格的な演劇などに取り組む文化祭（下）や学年を越えてきずなを育む体育祭（右上）のほか、クラスの予選を勝ち抜いて校内大会に挑むビブリオバトル（右下）も行われています。

だから文系を選ぶ』というような事態が起こりやすくなっていました。高2までは共通履修にすることで、どんな進路を選んだ生徒でも、色々な分野をしっかりと学んでおけるようになります。

さらに、国公立大学をめざす生徒が増えている点を考えると、科目数の多い国立大学受験に対応しやすくなるというメリットもあります」と話します。

幅広い学びが推奨されていることは、理科教育の充実にも表れています。多くの公立高校では、地学を専門とする教員が在籍していない場合もあるといいますが、竹早では物理・化学・生物・地学どの科目も専任の教員から学ぶことが可能です。

また、金曜日の7～8時間目は自由選択になっており、第二外国語としてフランス語とドイツ語を選んで履修することができます。受験勉強だけでなく、校内でこうした深い学びに取り組めることも、大きな魅力といえるでしょう。

## 学校行事も成長の場として主体的にチャレンジ

続いて、学校行事についてもご紹介します。コロナ禍の影響で例年通りとはいかなかったものの、生徒たちは主体的な姿勢で各行事にチャレンジしたそうです。

体育祭、文化祭、合唱コンクールなどが盛んで、それぞれ生徒が主体となって運営にもかかわっています。とくに力が入っているのは4日間にわたって開催される文化祭です。1日目・2日目は「竹の子祭」と呼ばれ、伝統となっている高3の劇を高1・高2が鑑賞します。3日目・4日目は高1・高2も発表や出しものを行う「竹早祭」で、教室で披露されるクラス劇や文化部の発表、そのほか様々な展示が一般公開され、盛り上がります。

「劇に関しては、衣装も大道具も生徒たちが考えて用意しています。なかでも高3の劇は毎年かなりレベルが高く、それを見た高1・高2はいい刺激を受けているようです。体育祭でも高3が中心になって縦割りの団を組み、クラスTシャツを作ったり、パフォーマンスをしたりしています。優勝した団への表彰も実行委員長が行うなど、徹底して生徒主体で運営されているのが特徴です」（堀切校長先生）

ここまで見てきた通り、手厚いサポート環境や、生徒の興味関心を深める学びが用意されている竹早。各プログラムに生徒たちが自主的に取り組むことで高い効果が生まれ、結果として優れた実績につながっていることがおわかりいただけたのではないでしょうか。

最後に、堀切校長先生から読者のみなさんへのメッセージをいただきました。

「本校は、自主自律の精神が学校生活のあらゆるところで活きている学校です。こうした校風を理解し、大学受験だけを目標にするのではなく、社会で活躍できる力を身につけたいという生徒のみなさんをお待ちしています」

入試直前アドバイス

# 本番で実力を発揮できる強さを作ろう

首都圏では東京私立・都立の推薦入試がまもなく始まり、いよいよ受験本番に突入します。ここでは、その日まで約1カ月となった筆記試験に向けて、「本番で実力を発揮できる強さ」について考えることにしました。昨年に引き続き新型コロナウイルス感染症に対する予防は大前提として、この直前期に準備しておいてほしいことを、入試当日の心の持ちようなど「心の準備」を中心にアドバイスしたいと思います。

# 本番で実力を発揮できる強さを作ろう

## 当日にこそ発揮したいメンタルの強さ

もちろん、当日に100%の力を発揮できるにこしたことはありません。しかし、それはみんなが考えていることですし。実際に試験を終えてみると「あれもダメ、これもダメ」とか、「あそこ、ミスしてしまったなあ」などは、だれもが感じてしまうことです。

事前対策
朝型への転換
早めの行動
持ちものリストの作成
など

最も避けたいのは、試験の途中でパニック状態におちいってしまうことで、そうなると次の科目にも大きな影響が出てしまいます。そのようなことにならないために、事前にできることは十分に対策をしておきましょう。

例えば、「忘れものをしない」「遅刻はしない」「風邪の予防」「歯痛を起こさないための事前の受診」「下痢対策＝食事の管理」。これらのアクシデント対策については、様々なところでアドバイスを受けていると思います。

忘れものについては「持ちものリストの作成」、睡眠不足については「朝型への転換」、遅刻については「入試当日と同じ時間帯での下見」や「早めの行動」、風邪予防については「家族全員での対策」などですね。

健康的な生活習慣を身につけることも大切じゃ

### パニックになる事態を想像しておく

では、最も避けたい「パニック」についてはどうでしょう。

パニックといっても色々です。試験会場に着いたとたんに「雰囲気にのまれてしまう」ことから、入試問題のページを開いたとたん「えっ、見たこともない問題だ」と驚いてしまい頭が真っ白、できるはずの次

パニック対策
解けない問題があったらどうしよう…
あと回しにして解ける問題から進めよう！
事前に対策を考えてパニックを鎮めるスイッチを身につけよう！

の問題にも手がつけられないまま、といったことも起こります。

もちろんこれらは、最も避けたいことなのですが、人間は初めての体験や、どちらか迷うような岐路に立たされたとき、どうしても緊張します。これは仕方のないことです。

大切なことはパニックにならないような準備をしておくことと、パニックになりそうなときに、それを鎮めるスイッチを身につけておくことです。

ここで、もっと大きなパニックの例をあげます。

かつて、スペインの空港で過去最大といわれる航空機事故が起きました。その際のわずかな生存者たちにインタビューをした記録が残っています。

助かった人たちの多くは、普段から、もしこうなったらどうしよう、と座席に座ったときに考えていたというのです。その内容は、避難通路や非常口の確認、そこまでの大まかな距離の把握などでした。

これは、決してネガティブな思考なのではなく、冷静な準備思考とみるべきでしょう。

みなさんの入試においても、先ほどあげたようなパニックになる要素に思考をめぐらせ、事前に脳と打ちあわせをしておけばいいということです。

## パニック打開のための自分なりのスイッチを

人それぞれですが、自分はなにをすればパニックになる前にリラックスできるかを知っておくことが大切です。

人間はだれでもパニックにおちいる要素を持っています。試験前、ほかの受験生がズラリと並んでいるのが見えただけで、「雰囲気にのまれてしまう」という現象も起きます。そんなとき、トイレに行って鏡の前に立ち、自分の顔を見てみましょう。緊張している自分に微笑みかけることでリラックスできます。

このように、緊張している自分を想像し、どうしたら緊張しないか予行演習をしておくことは、とても効果があります。

例えば深呼吸、家族の笑顔を思い描く、友だちが言っていた冗談をメモしておいて思い出す、ペットの写真や親戚の赤ちゃんの写真を持っていくなど、自分が緊張から抜け出すスイッチを作っておくのです。

心が和やかになる写真を休み時間に見たり、笑ったりできれば、血流が増えることは脳科学の世界では知られています。これによって平常心を取り戻すことができるともいわれています。もし、試験中にパニッ

入試直前アドバイス

# 本番で実力を発揮できる強さを作ろう

クにおちいりそうなとき、さっきの写真を思い出せばいいのです。

## まずは全問に目を通し「正解1問」を

さて、パニックに対して有効な一策は、なんといっても1問解けることです。

さらに続けて自信のある解答を積み重ねることで、パニックはいつのまにかどこかにいってしまいます。

ですから、まずは全問をリラックスしてながめながら、解ける問題から1問、手をつけましょう。易しい問題を見つけて「1問解けた!」という思いは一気に気持ちを楽にしてくれます。

サッカーのベテランゴールキーパーでも、ゲームの最初に受けるシュートを処理するまでは、とても落ち着かないものだといいます。1本、相手のシュートをはじき出せば、一気に平常心を取り戻せるというのです。それと同じですね。

逆に、ただ単純に最初にある問題から順に手をつけて手間取り、パニックにおちいってしまうこともあります。

まずは解ける問題を探すことがメンタル面でも重要です。1問解ければ、さっきは難しく感じた問題も、「あれっ、見たことある」「なあんだ易しい」と感じ、解法が見えてくるものなのです。

また、もしも初めの1科目で思うような点が取れなかったとしても、そこで焦ってパニックにおちいる必要はありません。

まずはそのマイナス点を忘れることが重要です。ほかの受験生だって同じかもしれないのです。

合格は全入試科目の総合点で決まります。1科目が10%不足だったとしてもほかの2科目で、例えば5%ずつ取り返せばいいのです。

すべての科目で満点を取ろうとか、いい点を取ろうとか考えて当日に向かうから、もしものときにパニックになったりするのです。

過去問の合格最低点を頭に入れて、各科目でそれぞれこれくらいの点数を取ればいいという目標点を自分なりに作っておくことも大切です。

あと1カ月あれば学力はまだまだ伸びますので、焦らず、ペースを崩さず勉強を続けてください。

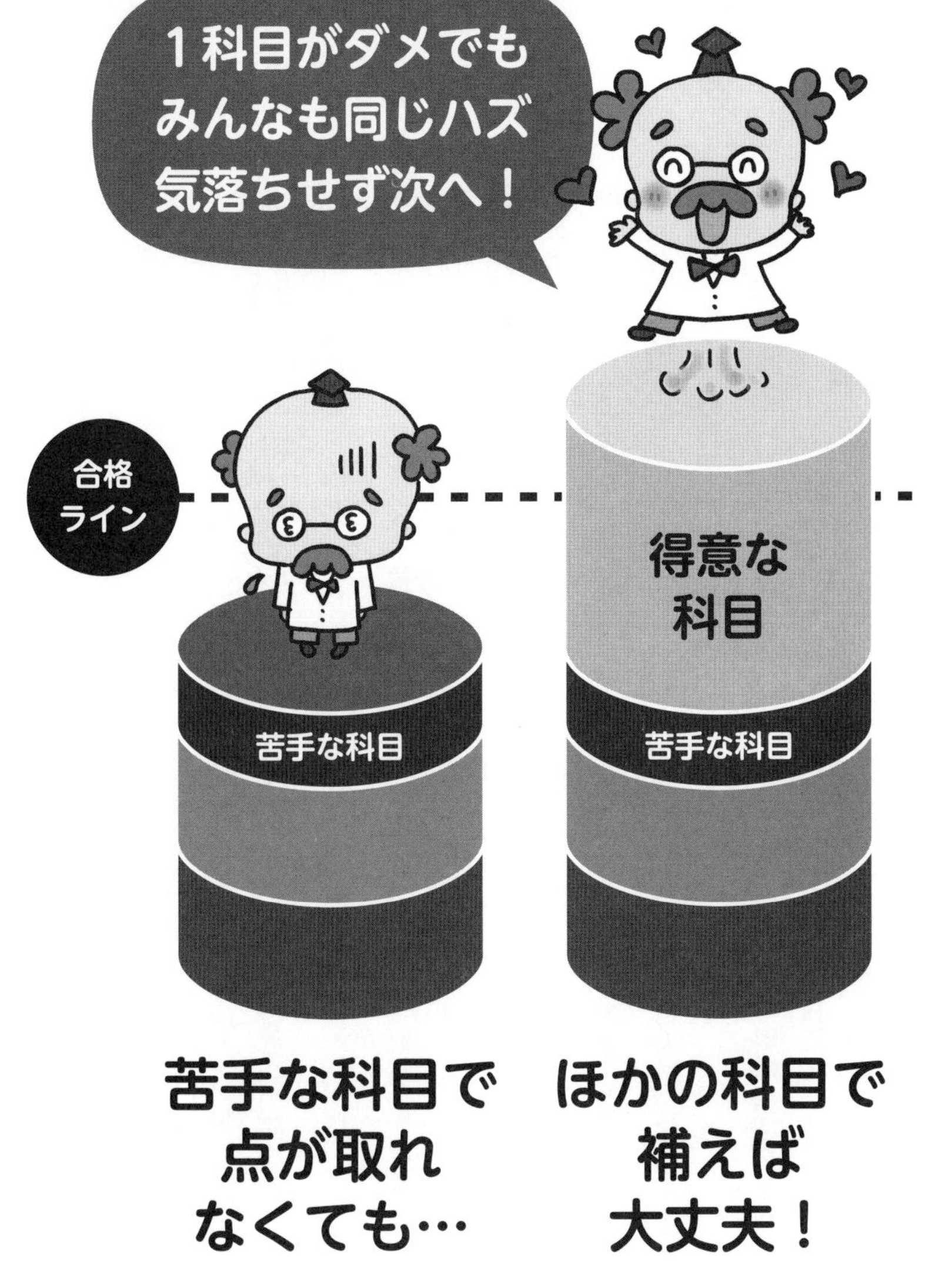
1科目がダメでも
みんなも同じハズ
気落ちせず次へ!
合格ライン
得意な科目
苦手な科目
苦手な科目
苦手な科目で点が取れなくても…
ほかの科目で補えば大丈夫!

# 首都圏私立高校入試展望 2022

首都圏の私立高校入試は、都県ごとに制度がかなり違います。それに伴って受験事情も様々です。そのような各都県の最新の入試動向をこのページで追いますので、間近に迫った私立高校入試への対応策をしっかりと考えましょう。

新型コロナウイルス感染症はいまだおさまらず、昨年に続き、2022年度入試にも影を落としています。11月以降　感染者数が減少し、落ち着いたように見えたのも束の間、オミクロン株という新たな変異株が流行し始めています。受験生は互いを大切にし、予防対策の徹底を継続しましょう。

この1年の学校説明会はリアルで行われたものが多かったとはいえ、予約制や入場制限があり、情報収集の遅れ、志望校決定の遅れなどで、準備に不安を感じた生徒もいたようです。

そのような事情から「早く進路を決めたい」というご家庭が、日程の早い私立高校を希望するケースも増え、私立高校へのニーズは継続しています。

## 東京都私立高校 入試展望2022

**東京都内の私立高校は、推薦入試が1月22日から始まります。推薦入試を受ける生徒の多くは、ほぼ合格を認められている生徒です。受験のメインである一般入試は2月10日以降に行われます。ここでは、一般入試の動向を中心にみていきます。**

### 再びWITHコロナ入試へ 大学附属校人気復活の兆しも

一般入試とは、筆記試験等を受けて合否が決まる入試です。

「学力検査」「調査書」「面接」などが実施されます。学力検査「国語・数学・英語」＋「面接」が一般的です。「2教科＋面接」や「作文」を課す学校もあります。

2018年度入試以降、一般入試では「大学附属校人気」が高まっていましたが、1年前の2021年度は逆に大学附属校の「受験者減少」がめだち、急ブレーキがかかりました。コロナ禍により、他県など遠距離からの受験生が敬遠したことが影響したか、といわれています。

ただ、2022年度入試では「揺り戻し」が起こり、大学附属校で受験者数が戻るのではないか、とみられます。

2022年度、都立高校の入試では、男女別定員の緩和措置が実施されます（39ページ参照）。このため、男女によって倍率以上に厳しくなる学校が出てくる可能性があり、私立高校の併願制度を利用する受験生が多くなりそうです。

私立高校の多くは一般入試で「併願優遇制度」を設けています。

都立高校志望者が押さえとしたい私立高校を確保するには、この枠を利用するのが一般的です。併願優遇とは、都立高校が第1志望で「もし都立高校が不合格だったら、うちの学校（私立）に入学してください」というスタイルです。各校が定めた内申点の基準などを満たせば、優遇を行うため、合格の可能性は高まります。

２０２１年度は一般募集校１８２校のうち併願優遇は１４５校ほどが実施しました。

コロナ禍の影響から併願優遇を、登校する必要のない「書類選考」の形式に変更した学校もありました。

ただ、一度も生徒と接触の機会がないまま入学にいたることに批判的な意見もあり、２０２２年度入試では「書類選考」方式の入試は減る可能性があります。

# 神奈川県私立高校入試展望2022

**神奈川県内の私立高校は、東京と同じ日程で、推薦入試が1月22日から始まります。神奈川でも東京と同様にほとんど合格を認められた生徒が推薦入試を受けます。ここでは、2月10日以降に実施される予定の神奈川県私立高校一般入試についてみていきましょう。**

## 私立人気は高いままの情勢 書類選考入試に見直し論も

公立高校より入試日程が早いため、「早く進路を決めたい」受験生にとっては魅力があり、公私間の学費格差が緩和していることもあって、私立志向は続きそうです。

ここでは、受験のメインで、2月10日から始まる一般入試のお話をします。

公立高校が第1志望で、県内の私立高校を安全校として押さえにする受験生は、一般入試のうちの「併願受験」や「書類選考」の枠を利用するのが基本となっています。

そのほかの一般入試では、学力試験を課す、本来の意味での一般入試があり、さらに単願（専願）、併願、オープン入試などの制度に分かれます。

オープン入試以外は出願書類（内申書）が選抜資料となるため、内申点が非常に重要になってきます。

神奈川私立の入試制度は多岐にわたるため、中学校や進学塾の先生と、よく打ちあわせをしましょう。

このところ注目されている「書類選考」は、学校に出向いての筆記試験を行わない制度で、各高校の内申基準などを満たして「入試相談」に行っていれば、書類審査のみで合格が決まります。

２０２１年度入試ではコロナ禍の試験であったため、「密」を避けることが可能な書類選考が注目され、新たに導入する動きが出て、併願可の書類選考は、県内の実施校が前年（２０２１年度）の29校から40校に増えました。

書類選考での受験者は合計で約２万８０００人で、前年（２０２１年度）の約1万人に比べて急に膨らみ、約3倍にもなりました。

ただ東京の項でも触れましたが、この入試制度に疑問の声も出ているため、２０２２年度は制度に変更が出る可能性があります。なお、法政国際、法政二の書類選考は同校第１志望者のみが対象です。

# 埼玉県私立高校入試展望2022

**昨秋実施された埼玉県内公立中学校3年生対象の進路希望調査では、前年までに続いて、県内また近県の私立高校進学希望者数が増えています。教育現場で続いたコロナ禍での緊急事態時、私立高校の対応力に評価が高まったことが大きいとみられ、大学入試の難化への対応にも期待の高まりを感じます。**

## 私立への流れ止まらず 「1月併願」が柱の受験に

この進路希望調査は9月末に実施されたものですが、この調査はもう1回、12月第2週に実施されていて、その結果は、まもなく、本誌締め切り後に発表されることになっています。この調査の実施は私立高校での個別相談の終盤の時期にあたり、各受験生の志望校が固まってからのものですので、受験生の動向をみる重要資料です。考えている志望校の倍率などに注目する必要があります。

埼玉の公立高校では、入試日程が2月下旬以降へと移り、受験のタイムスケジュールが変化をみせています。公立高校は2月10日から郵送による出願が始まるため、冬休み中の学習の成果や、通知書の内容を確認し、上記した進路志望調査結果にも目を通してから、受験校の最終決定をしても遅くはなくなりました。

埼玉県の私立高校入試は1月22日以降に実施されます。例年、「初日」（1月22日）からの数日間に、県内私立高校の大半が併願入試（併願推薦）を2、3回は実施します。

この1月の併願入試時期が、受験のピークとなっているのが埼玉私立高校入試だといえます。

1月の併願入試とは、3月の公立高校合格発表まで他校との併願ができ、さらに、本番前の「個別相談会」で合格がほぼ判明する〝優遇〟があります。このため、とても利用しやすく、毎年、受験生は1月併願の枠に集中しています。

この1月併願で押さえとなる県内私立校をしっかりと確保したうえで、第1志望の公立や、さらにレベルの高い私立に挑戦していく受験パターンが、埼玉では「定番」になっているのです。

2021年度も、県内私立高校の全応募者数のうち、1月併願入試が約75%と大半を占めています。単願入試（単願推薦）は約17%、一般入試は約8%でした。

## 千葉県私立高校入試展望2022

**千葉の私立高校入試は「前期勝負」の状況が色濃くなっています。公立高校入試が、1年前から前後期制を廃して「1回化」され、このことから私立高校入試の後期が遅くなったこともあって、この後期の需要はさらに少なくなりました。「私立は前期で決めたい」は千葉の受験生の合言葉となっています。**

### 前期の定員比率がほぼすべて「前期勝負」で合格の確保を

千葉県の私立高校入試の前期は、もうまもなく始まります。

みなさんは、すでに出願も済ませているでしょう。千葉県では、私立も前期が主体の入試となっていますから、「いまさら」の記事になるかもしれませんが、状況だけは把握しておきましょう。

千葉県の私立高校入試は「前期・後期選抜」の枠組みとなっています。試験は、前期が1月17日以降、後期は2月15日以降に行われます。

2021年度入試で千葉の公立高校入試は、かつての前期・後期制を廃して「1回化」されました。

日程も繰り下がったことに呼応し、私立高校の後期は、2020年度までの「2月5日以降」より10日も遅くなりました。

ただ、後期が設定されてはいますが、私立高校入試は完全に前期入試中心になっています。じつは千葉公立では、この傾向は以前からのものでもありました。

2021年度は、新たに12校が後期の枠を廃止し、県内私立53校のうち、後期の枠がない、前期のみの高校は37校に増えています。

とくに上位レベルの高校では、後期の実施校は100%とはいいませんが、ほぼありません。

2021年度、後期を実施した高校でも大半は、前期に定員が大幅に偏っています。

後期の定員を若干名しかとらない学校も4校ありました。

同年度、県内私立高校全体では、前期の定員比率が98%（2020年度は96%）に上がり、後期の定員はわずか2%（同4%）となりました。

受験生の側も、同様に前期へ集中しています。2021年度は県内私立の総応募者数のうち、前期が占める割合は約99%（2020年度は約97%）にのぼりました。

このように、千葉県の私立高校入試は「前期決戦」がすべてともいえる状況となっています。

# 首都圏公立高校入試展望 2022

安田教育研究所 代表　安田 理

　一斉休校こそなかったものの、2021年から2022年にかけてもコロナ禍はその影を落とし続けています。合同相談会や学校説明会は参加が制限され、希望しても予約できないケースが数多く見られました。積極的に情報を集めようとしてもできない状況が続きました。

　中3人口は久しぶりに増加し、各都県とも公立高校の募集数を増やします。一方、前述のコーナーでも述べた通り、私立志向が高まっており、公立高校も人気の二極化が進みそうです。なお、前年各都県で行われた出題範囲の一部削除はなくなり、元に戻ります。

　新型コロナウイルスの感染者数は落ち着いていますが、新たに登場した変異株感染者が増える危険性もあります。その影響で入試直前になにか変更があるかもしれないので、インターネットなどで必ず情報をチェックしてください。《一連の情報は12月10日現在》

## 東京都立高校 入試展望2022

**２０２２年度の東京都立高校入試では大きな変更があります。まず、普通科では男女別定員格差の緩和が段階的に実施されます。また、中３人口増に対応して33校で募集数が増えます。新型コロナウイルス感染防止のため前年に続き、推薦入試では集団討論がなくなります。**

### 男女別定員制が見直され女子の厳しさは緩和

　都立高校（普通科）の多くが、男女別定員制を実施しています。そのため高校によって男女で合格基準に差が生まれ、一部の学校では、女子に不利な状況がありました。そこで男女別定員制を段階的に見直していくことになりました。

　２０２２年度入試は第１段階として普通科高校１０９校全校で10％の定員緩和を行います。募集定員の10％は男女別ではなく男女合同で選抜を行うというものです。２０２１年度入試では42校で実施されましたが、それが全校に拡大します。

　女子が不利になるケースがめだつものの、高校によっては男子が不利になることもありますし、定員割れ校をはじめ、ほとんど変わらない場合もあります。

　ただ、青山や小山台などのような人気校で男子より女子の実質倍率が高かったケースについては、女子が緩和し、男子の倍率は上昇することが予想されます。

### 竹早が臨時募集増 両国、大泉が募集停止

　２０２２年度は都内の公立中学卒業予定者数が３４２８人増えて７万６４９０人になる見込みです。この人口増加に対応して、都立の全日制高校では29クラス１１４０人、募集数を増やします。人気校の１つである竹早が増員校になっていますが、

進学指導重点校で増員となった学校はありません。

増員校のなかには前年まで実倍率がさほど高くなかった高校もあるため、増員が応募者の呼び水にならず、定員割れしてしまうケースも考えられます。

また、併設型中高一貫校の両国と大泉が完全中高一貫校になるため、高校募集を停止します。両校とも2クラス募集であったため、上位校をめざす受験生にとって、選択肢が減ることになります。

そのほか、進学指導重点校の立川で創造理数科が新設される分、普通科は1クラス削減されます。創造理数科の推薦入試では、科学分野の研究実績報告書を事前に提出し、内容に関する口頭試問を実技検査として実施します。基準を満たせなければ定員内でも不合格を出す方針のため、ハイレベルな学力が求められるでしょう。

### 継続される集団討論の中止<br>出題範囲は従来通りへ

新型コロナウイルス感染防止策として、前年に続き、都立高校の推薦入試では集団討論を中止します。

2021年度は「集団討論がなくなって受けやすくなった」と考えた受験生が増えたせいか、推薦入試の応募者が増加しました。2022年度も集団討論がなくなったことからチャレンジしようという動きが強まるかもしれません。

2021年度入試では休校措置による学習の遅れに配慮し、都立高校一般入試の学力検査では出題範囲の一部を削減しました。2022年度は、一斉休校がなかったので、出題範囲の一部削除は行われません。

出題範囲が一部削除された学力検査の平均点は、5科合計で前年より25点も下回りました。範囲が制限されても難度が下がらないように、各教科で工夫された影響もあるのでしょう。

2022年度は新学習指導要領が導入されたことで新たな内容が加わります。配点としては大きくないことが予想されるものの、これまで出題されなかった単元が登場する可能性もあります。

なお、全中3生対象に実施されたスピーキングテストはプレテストでした。選抜基準として使用されるのは2023年度以降の予定です。

# 神奈川県公立高校 入試展望2022

**神奈川では公立中学卒業予定者数が2000人近く増えることで、公立高校20校で臨時定員増が行われます。なお、私立高校の書類選考型は、学校に足を運ぶことを条件にする高校が増えるので、注意が必要です。**

### 人口増に対応した募集増<br>横浜翠嵐の人気高まる

2022年度の公立中学卒業予定者数は、前年より1955人増の6万7081人が見込まれています。公立高校では前年より828人多い4万1107人を募集する予定です。臨時増員校は20校ありますが、学力向上進学重点校や重点校エントリー校は含まれていません。

神奈川の公立高校では欠員募集数が増加傾向にあることから、人気の二極化傾向と全体的な倍率緩和傾向が続いています。

中3人口の増加に配慮した定員増は受験生にとって悪い話ではありません。しかし、募集増加校のなかには応募者数が募集数を下回るケースも考えられます。

なお、毎年10月下旬に実施される進路希望調査結果では、横浜翠嵐の希望者数が799人から1062人に急増しました。2番目に多かった湘南は、799人から784人に微減しています。両者には300人近くの差があるので、横浜翠嵐人気の高さがうかがえます。この調査結果から敬遠する動きが増えるのか、注目されます。

### 書類選考型入試の活用<br>新学習指導要領で内申に変化も

前のページでも触れている通り、神奈川の私立高校入試では、試験日に学校に足を運ばずとも合否判定される書類選考型入試があります。これは近隣他都県では見られない、独特の入試方法です。

書類選考の場合、内申点が合否を決める基準になります。試験会場での感染リスクを回避できることから、前年、実施校が急増しました。

２０２２年度の書類選考型入試は、学校に足を運ぶことを条件にする高校が増えますが、内申点で決まることに変わりはありません。

また、前年の応募者増に対応して基準を上げた私立高校もあります。一方、２０２１年から導入された新学習指導要領によって公立中学校の内申点の評価方法が変わり、多くの公立中学校で５段階評価の「５」が減少している、という指摘もあります。その場合、内申基準が高い高校では応募者を減少させる可能性があります。

# 埼玉県公立高校 入試展望2022

## 19校の募集数増加で広がるチャンス

埼玉も近隣他都県と同様、公立中学卒業予定者数の増加に対し、公立高校の募集数を拡大します。上位校で導入されている学校選択問題実施校は市立大宮北が加わり、22校に増えます。

２０２２年度の中学卒業予定者数が１６１９人増え６万３３５９人になることから、公立全日制高校の募集数は６８０人増加します。募集停止学科が２校２学科あるので、普通科高校19校で１クラス募集増になります。

増加校のなかには前年減員した春日部女子、伊奈学園総合、熊谷西なども含まれています。このような高校は元に戻るともいえますので、それほど大きな変動には結びつかないと思われます。

増員校のうち、学校選択問題（後述）を実施する学校は熊谷西、越ヶ谷、不動岡の３校です。このうち、不動岡は外国語科が普通科に転換した増員です。いずれも人気校ですから、志望者には朗報といえるでしょう。受験生にとってチャンスは広がるかもしれません。

また、募集増校のなかには実倍率があまり高くない高校もあるため、倍率緩和や定員割れにつながるケースも考えられます。

## 市立大宮北が学校選択問題導入へ

埼玉では数学と英語の学力検査が共通問題と学校選択問題の2種類に分かれています。

２０２２年度に学校選択問題を実施するのは、県立浦和、浦和第一女子、大宮などの難関上位校をはじめとした22校です。前年実施校は21校で、そこに市立大宮北が加わって22校となった形です（下記）。

共通問題に変更する高校はありません。

なお、２０２１年度は新たに川口市立が学校選択問題を導入した一方で、春日部女子が共通問題に戻りました。

学校選択問題は記述をはじめ、応用問題中心に出題されます。そのため、問題が難しくなることから、敬遠する受験生もいることでしょう。しかし、川口市立は学校選択問題導入初年度でも応募者は減らさず難化していました。人気の高さがうかがえます。

学校選択問題を２０２２年度に初めて実施する市立大宮北は、理数科の人気は変わりそうにありません。一方、普通科も、制服を安価にする取り組みがマスコミで取り上げられ話題になったことで、人気を呼ぶかもしれません。

**【学校選択問題実施22校】**

浦和
浦和第一女子
浦和西
大宮
春日部
川口北
川越
川越女子
川越南
熊谷
熊谷女子
熊谷西
越ヶ谷
越谷北
所沢
所沢北
不動岡
和光国際
蕨
さいたま市立浦和
さいたま市立大宮北
川口市立

# 千葉県公立高校 入試展望2022

**千葉の公立高校では、２０２１年度から入試機会が一本化されましたが、制度変更への不安感もあって全体的には緩和しました。新制度2年目の２０２２年度はその反動で公立高校応募者は増える可能性があります。また、県内トップ校の県立千葉では「思考力を問う問題」がいよいよ導入されます。**

## 新制度2年目で平均倍率は上昇か

２０２０年度まで、千葉の公立高校入試は前・後期の2回に分けて実施していました。それが２０２１年度から一本化されました。一般的に入試制度が変わると合否についての予測が立てづらくなることから、敬遠傾向が見られるものです。

これまでは2回に分散して実施されていた分、高倍率がめだっていましたが、入試機会の一本化によって応募倍率は下がりました。加えてコロナ禍により様々な制約があるなかで対応力を評価された私立人気が上昇、公立離れを促したことも影響しました。

平均応募倍率は前期1・68倍、後期は1・41倍から1・08倍に大きく緩和しています。定員割れ校も多く、その分、合格数が減少したため平均実倍率は1・15倍でした。実倍率が応募倍率を大きく上回ったのは人気の二極化傾向も影響しています。

２０２２年度はこの結果を踏まえて公立志望の増加が予想されます。しかし、大幅に増えるとは考えにくいため、過度に警戒する必要はないでしょう。

なお、千葉県公立では、①出願書類の郵送を認めること、②学力検査当日（2月24日、25日）の科目間の休憩時間を各10分延長、③健康観察シートの提出を求めることを、新たに12月初旬に発表しています（45ページに詳細）。

## 16校が臨時募集増
## 市立稲毛は募集数削減

　2022年度は県内の中学卒業予定者数が約1630人増え、約5万3000人になる見込みです。これに対し、千葉の公立高校では400人募集数を増やします。募集数を削減する高校もあるので、16校で募集数が増加します。難関上位校は含まれていないので、前年と同様、定員割れ校が増える可能性があります。

　また、中等教育学校に転換する市立稲毛は、段階的に募集数を削減する予定で、2022年度は2クラス減の募集です。人気校の募集減は難化が予想され、敬遠されるケースもあります。高校募集停止の直前になると応募者は減少するかもしれませんが、2022年度は人気が続きそうな気配です。同校では普通科だけでなく、国際教養科も含めて倍率は上昇するかもしれません。

## 県立千葉で導入される
## 「思考力を問う問題」

　県内トップ校の県立千葉が、学校設定検査のうちの「その他の検査」で、2022年度より作文を取りやめ、「思考力を問う問題」を導入します。

　前・後期入試が一本化された前年から導入する予定もあったようですが、コロナ禍の休校措置への配慮として、出題範囲が削減されるなかで実施を見合わせていました。2022年度は一斉休校期間もなかったため、ついに導入されます。

　新制度が導入されると一部で敬遠される動きもありますが、県立千葉の場合、新しい学力検査の導入が応募者減につながる可能性は低いでしょう。トップ校ですから、高いレベルで合否が決まることに変わりはありません。

　前年は全体的に安全志向がめだち、次年度もこの傾向は続きそうですが、この県立千葉、県立船橋、東葛飾の「県立御三家」の人気は安定しています。応募者を減らすことがあっても、合格ラインが下がるとは考えにくいです。

　むしろ「思考力を問う問題」の導入によって、難関国立・私立大学附属校の志望者の併願が増えることも考えられます。

　公表されているサンプル問題では、国語は大問1題・小問3題33点、数学は大問1題・小問5題35点、英語は大問2題・小問5題32点で各60分・100点満点となっています。記述問題が多く、問題文の文章もボリュームがあるので時間配分が難しそうです。私立の難関校で記述の多い入試過去問題を参考に対策を立てる必要があるでしょう。

**「思考力を問う問題」のサンプル問題（数学の一部）**

（問題文）

(1)　箱の中に赤玉3個，青玉2個，白玉1個が入っている。この箱の中から同時に2個の玉を取り出すとき，次のA～Eのことがらの起こる確率について正しく述べたものを，あとのア～オのうちからすべて選び，符号で答えなさい。

　ただし，どの玉を取り出すことも同様に確からしいものとする。

A　赤玉が2個出る
B　赤玉と青玉が1個ずつ出る
C　赤玉と白玉が1個ずつ出る
D　青玉が2個出る
E　青玉と白玉が1個ずつ出る

**ア**　Aの起こる確率とCの起こる確率は等しい。
**イ**　Aの起こる確率は，赤玉が1個も出ない確率より大きい。
**ウ**　Bの起こる確率は，A，C，D，Eのどのことがらの起こる確率よりも大きい。
**エ**　Dの起こる確率は$\frac{1}{5}$である。
**オ**　Eの起こる確率は，A，B，C，Dのどのことがらの起こる確率よりも小さい。

**解答：ア、ウ**（得点は完答により与えられる）　　千葉県HPより引用

# 受験生のための
# 明日へのトビラ

新しい年が明けました。受験学年の中学3年生にとっては、いよいよ入試が近づいた実感を伴って迎えた新年だったのではないでしょうか。このページは、中学校での学びに加えて、高校のこと、その教育のこと、高校入試のことまでを含めたリポートをお送りするコーナーです。



## NEWS

### 東京　都立高20校でネット出願も実施 中学校で確認を受ける必要も

東京都教育委員会は、2023年度入試以降でのインターネット出願を模索しているが、2022年度に同出願方法を試行する20校を決めた。2021年度は立川高校1校で試行していたもの。

下記の20校でインターネット出願を受け付けるが、従来通り、各中学校で配付される紙の入学願書に記入して、出願することも他校と同じようにできる。

入学願書は2021年度までは、原則として中学校が取りまとめて提出することとしていたが、2022年度は志願者が郵送により提出する方法に変更されているので要注意。提出先は、各校が指定する高校最寄りの郵便局に着日指定で郵送する。

**【2022年度入試でネット出願を試行する都立20高校】**
三田、豊島（全日制）、小松川、五日市（全日制、定時制）、小山台（全日制、定時制）、練馬、松が谷、工芸（全日制）、駒場、足立（全日制、定時制）、立川（全日制、定時制）、第五商業（全日制）、目黒、足立西、福生（全日制）、晴海総合、雪谷、江戸川（全日制、定時制）、清瀬、若葉総合。

各校とも、推薦入試、一般入試ともにインターネット出願も受けつけるが、出願は、願書に記載する情報をネット上の出願サイトに記入して出力し、内容について中学校で事前確認を受けてから各自がアップロードする。細かい規定があるので注意が必要だ。

### 東京　22年度都立高の新入生全員PC購入へ 保護者負担は1台あたり一律3万円

本誌前号（12月号）の、このコーナーで既報の「東京都立高校の新入生全員に情報端末（PC）の購入を求める」としたニュースについて、小池百合子都知事が11月末の都議会の所信表明のなかで、その詳細を発表した。小池都知事は、端末購入に際して都が一定額を補助し、保護者の負担は1台あたり一律3万円とする方針を示した。

そのなかで「すべての子どもが将来への希望を持って自ら学び育つ環境を整備する。DX（デジタルトランスフォーメーション）の推進はきわめて重要」と施策の意義を強調した。

東京都教育委員会（都教委）によると、新型コロナウイルスの感染拡大後、都立高校では9割超の課程でオンラインを活用した学習が行われるようになった。

今後、オンライン学習をさらに推進するほか、他の感染症や自然災害で生徒が登校できない事態も想定し、都教委は、全都立高生が端末を持つ必要があると判断したものという。

端末は、都教委が指定した3種類のなかから各学校が選び、同じ学校の生徒は原則同じ端末を使う。

子どもが3人以上の世帯では都の補助を増額し、保護者の負担を半額の1万5000円とする。さらに都教委は「端末を活用してよりよい教育ができるよう、教員の研修も充実させていく」としている。

## 全国 男女同じデザインの ジェンダーレス制服がジワリ浸透

東京都教育委員会は11月、所管する公立各校に次のような通達を出した。「生徒手帳に男子制服、女子制服といった記述がある場合、2022年度以降は、ズボンスタイル、スカートスタイルといった記述に改めること」……。

制服についてこれまでは学校の常識だったそのあり方が全国的に変わり始めている。

文部科学省は2015年、ジェンダーレスの考え方に代表される「性の問題への社会的な関心の高まり」を受けて、生徒の服装や部活動についても男女で決めつけることのないよう、きめ細かな対応を全国の教育委員会に通達を出している。

このような背景から、性別を問わずに着ることができる「ジェンダーレス制服」が登場、カジュアル衣料「ユニクロ」も参入するなど熱気を帯びてきた。

私立高校で女子にスカートのほかにスラックスも採用している学校は、首都圏で半数以上に上る。

制服大手の菅公学生服では、ブレザーが男女同デザインのジェンダー制服について、2016年の納入は全国で560校程度だったが、2021年11月には1923校に増えたという（同社調べ）。

都立高校では、制服を採用している学校の女子制服ではリボンのほかにネクタイも着用できる学校がほとんどだが、現行では、ブレザーは男女で異なるデザインが、そのすべてとなっている。

なお、滋賀県野洲《やす》市は市内3中学校の制服を2022年度の新入生からジェンダーレス化するが、「男子もスカートを着用可」とする、画期的な試みを始める（京都新聞、2021年12月12日）。

冒頭の都教委の通達では、女子が「ズボンスタイル」を選ぶことはイメージされているようだが、野洲市の例までは踏み込んでいない。

## 千葉 2022年度入試の変更点を発表 県立高校は郵送出願も可能に

千葉県教育委員会は12月2日、新型コロナウイルス感染症防止に万全を期するためとして、県立高校では郵送出願も認めるなどの入試変更点を発表した。

**◆県立高校では郵送出願が可能に**

県立高校については、配達日指定の簡易書留郵便による出願を認めることとした（市立高校については各市の教育委員会が定める）。あて先は各志望校。

指定される配達日は、2月4日～2月8日。

これにより出願パターンは、以下の4種となる。

**・郵送出願**

①中学校がまとめて郵送

②個人で郵送

**・持参による出願**

①中学校がまとめて高校に持参

②個人で高校に持参

郵送は、角型2号の封筒を使用して願書など出願書類を簡易書留で送る。封筒の表には「出願書類等在中」と朱書きする。

そして、そのなかに84円切手を貼付した長形3号の返信用封筒（受験生の住所等記述）を2通入れておく必要がある（受験票等の返送用）。

**◆科目間の時間を延長**

検査時間割のうち各科目間の時間を10分延長する。これまでは科目間の休憩時間は20分だったが、30分になる。

**◆健康観察シートの提出**

入試当日、受検生は「健康観察シート（＝同意書）」を持参し提出する。同シートには、その日の体温など健康状態、また2週間前からの健康状態をチェックし、記入して提出する。

いずれも、千葉県教育委員会のHPには、さらに詳しい内容が公表されているので確認してほしい。

突撃 スクールレポート

E ニュージーランド語学研修旅行（高1）　F アジア地域修学旅行（高2・ベトナム）　G 南米音楽部　H 吹奏楽部

# 帝京大学《ていきょうだいがく》高等学校

〈共学校〉

生徒1人ひとりの理解度に気を配りながら少人数教育を実践する帝京大学高等学校。教職員が心をひとつに熱意と創意を持って新時代に挑戦しうる心身と学力の育成に力を注いでいます。

## 努力して学び続ける姿勢を育て生徒のチャレンジを応援する進学校

### 生徒の可能性を最大限に引き出す進路別コース編成

多摩丘陵の一角に緑豊かなキャンパスが広がる帝京大学高等学校（以下、帝京大高）。「努力をすべての基とし、偏見を排し、幅広い知識を身につけ、国際的視野に立って判断ができ、実学を通して創造力および人間味豊かな専門性のある人材の養成を目的とする」という建学の精神に則り、グローバル化が進む世界で活躍するために必要な資質を身につけ、努力して学び続ける姿勢を育てています。

帝京大高では、高1は併設中学校からの内部進学生と混ざることなく、高校から入学する生徒のみでクラスを編成します。入学時の学力に応じて、Ⅰ類とⅡ類の2クラスに分かれますが、カリキュラムは同じで、生徒の能力に応じて基礎学力を固め、学習習慣を確立していきます。

高2からは内部進学生と混合の進路別コース編成になります。文系・理系混合の東大・難関国立コース、文系、理系に分かれた早慶・国公立コースと難関私大コースの3コースがあり、高2から高3への進級時にコースを変更することも可能です。

「高2からの進路別コースは1つのカテゴリーであって、あとは生徒それぞれの頑張りで結果が表れ

Photo　A 校舎全景　B 廊下にあるホワイトボード　C シックな冬服と爽やかな夏服　D 授業風景

写真提供：帝京大学高等学校　※写真は過年度のものを含みます。

るものと考えています。実際、早慶・国公立コースから東京工業大学や東京外国語大学に合格した生徒もいますし、難関私大コースから国立大学に合格した生徒もいます。生徒の希望進路に応じて自由選択科目を多く設定していますので、生徒の可能性を最大限に引き出すことのできるコース編成になっています」と入試広報部主任の竹之内毅先生は話されます。

## 生徒と教員が2人3脚で進路実現をめざす

帝京大高は、ほとんどの生徒が国公立大学や難関私立大学へ進学する都内でも有数の進学校です。そのためのサポート体制も充実しており、その代表的な取り組みの1つが校内で実施される夏期講習です。

帝京大高の夏期講習はすべて無料で開講されていて、高3では、「東京大学の英語」「慶應義塾大学の小論文」「早稲田大学商経の数学」といった100を超える志望校別講座が8月末までほぼ毎日開講されていています。生徒のニーズや学習状況を把握した帝京大高の教員自ら講習を行うため、毎年、約9割の高3生が受講しており、塾や予備校に通うことなく志望大学へ合格する生徒も少なくありません。

「夏期講習中は5教科の先生がほぼ毎日いますので、講習以外にも質問や添削指導を受けに多くの高3生が登校してきます。学校に来れば仲間同士励ましあいながら勉強できるのもモチベーションの向上につながっているのではないでしょうか。『勉強は学校で』を合言葉に、教員全員で生徒を見守りながらわからないことはすべて学校で解決できるような学習環境を作っていきたいと思います」と竹之内先生。

高1から大学受験だけでなく、その先を見据えた卒業生による進学講演会なども行われており、高2の3学期を高3ゼロ学期と位置づけ、生徒全員がそれぞれの進路実現をめざしてスタートします。

また、帝京大高では多文化理解教育にも力を入れています。高1は、希望者対象で30年以上の実績を持つ「ニュージーランド語学研修旅行（3週間ホームステイ）」を実施、高2の「アジア地域修学旅行」ではベトナムや台湾などを訪問し、同世代の現地高校生と直接交流をします。

昨年、今年とコロナ禍でこれらの行事は実施できませんでしたが、来年度の再開に向けて準備を進めています。

「本校は17時30分が一斉下校時間です。この限られた時間のなかでしっかりと勉強、部活動、学校行事を行うこと、これが本校の文武両道だと考えています。少人数制なので生徒同士のきずなも強く、生徒と教員が2人3脚で将来の目標に向かって努力しながら学び続ける学校です」（竹之内先生）

### スクールインフォメーション

所在地：東京都八王子市越野322
アクセス：小田急線・京王線・多摩都市モノレール「多摩センター駅」、JR中央線「豊田駅」スクールバス
生徒数：男子261名、女子269名
TEL：042-676-9511
URL：https://www.teikyo-u.ed.jp

### 2022年度　入試日程概要

| 一般入試／併願優遇入試 | | | |
|---|---|---|---|
| 試験日 | 2月11日（金） | 募集定員 | 60名 |
| 試験科目 | 英語・数学・国語（各100点、各50分）<br>※今年度は、面接は行わず、簡単なアンケートを行い、面接の代用とします。 | | |
| 合格発表 | 2月12日（土）インターネット掲示９:00～ | | |

あの学校の魅力伝えます

スクペディア　No. 66

# 国学院《こくがくいん》高等学校

東京都　渋谷区　共学校

所在地：東京都渋谷区神宮前2-2-3　生徒数：男子808名、女子979名　TEL：03-3403-2331　URL：https://www.kokugakuin.ed.jp/
アクセス：地下鉄銀座線「外苑前駅」徒歩5分、都営大江戸線「国立競技場駅」徒歩12分、JR中央・総武線「信濃町駅」「千駄ヶ谷駅」徒歩13分

## 新たな自分に出会う充実の3年間

都心にありながら、四季折々の自然を楽しめる明治神宮外苑エリアに位置する国学院高等学校（以下、国学院）。周辺環境のよさはもちろん、複数の駅からアクセスしやすい立地も、毎年多くの受験生を集める理由の1つです。創立は1948年。併設の中学校を持たない高校単独校として70年以上の歴史があります。学力の伸長だけでなく心の教育も重視し、バランスのとれた全人教育をめざす国学院では、穏やかな校風のもと、素直で真面目な生徒が充実した3年間を送っています。

### 将来の夢へとつながる国学院のカリキュラム

国学院の高校生活は、高校単独校であり、募集時のコース区分もないため、全員が同じ条件でスタートします。新入生は勉強や部活動など、高校からの新しい活動に安心して取り組むことができる点が魅力です。

また、きめ細やかな指導も国学院教育のポイントです。1学年の生徒数が約600名と大規模な学校ですが、年3回の面談週間を設けて生徒1人ひとりの課題と向きあうなど、親身な指導が行き届いています。

大学附属校でありながら、他大学をめざす生徒も多い進学校でもあります。1年次に美術、音楽、書道から選ぶ芸術科目以外は全員共通のカリキュラムで、日々の学習習慣の確立と基礎学力の構築に努めます。2年次からは文系コース・理系コースを選択し、各々の進路を意識した学習内容に入ります。文系では難関大学進学を目標とする「チャレンジクラス」を設置。数学の授業の一部でグレード別授業も始まります。3年次には平常授業後の選択講座や様々な講習を実施し、それぞれの進路実現に向けて力をつけていきます。

さらに国学院では、大学入試対策の一環として英語外部試験にも注力しています。生徒全員が卒業までに英検2級取得を目標とし、1・2年生は年3回、3年生は年1回の受検を必修化。外部講師による英検対策講習も年に5回あります。そのほかにも、国内・海外での英語研修など、使える英語力を培うプログラムが整っています。

国学院では、例年、約20％の生徒が学校推薦枠で国学院大学へ進学しますが、そのほかの生徒は他大学に挑戦し、めざましい結果を出しています。様々な経験を通じて、成長した新たな自分に出会える学校です。

# 明治《めいじ》大学《だいがく》付属《ふぞく》明治《めいじ》高等学校

東京都　調布市　共学校

所在地：東京都調布市富士見町4-23-25　生徒数：男子432名、女子363名　TEL：042-444-9100　URL：https://www.meiji.ac.jp/ko_chu/
アクセス：京王線「西調布駅」徒歩18分、京王線・京王相模原線「調布駅」ほかスクールバス

## 「第一級の人物」を育てる独自の教育

明治大学の唯一の直系付属校である明治大学付属明治高等学校（以下、明大明治）。「質実剛健」「独立自治」を校訓とし、問題解決能力を備えた「第一級の人物」の育成をめざしている学校です。

教育の特色は、学力の土台作りを徹底していること。高1・高2はほぼ全科目が必修で、幅広い基礎知識を確実に積み上げるカリキュラムです。授業では記録、説明、批判、論述、討論に取り組む機会が豊富に用意されており、知識の活用能力も身につく仕組みになっています。また、数学と英語の補習講座が設けられているなどサポート体制も万全です。

高校後半からは多様な選択科目を用意し、適性・興味に応じて高度な学力を養成。とくに2022年度以降の新教育課程に設定される「探究選択講座」で「課題の発見～解決」のプロセスを経て発展的な学習に取り組みます。高3では文系・理系の2コースに分かれ、希望する進路を具体的に見出していきます。

加えて、充実した英語教育も魅力の1つ。海外語学研修や国内英語研修、英語スピーチコンテストなど、グローバル化が進む社会で生き抜くための力を育てるプログラムが数多く設けられています。

### 直系付属校のメリット 高大連携プログラム

明大明治では、高大連携プログラムとして明治大学と連携した様々な取り組みを行っています。

「高大連携講座」は、明治大学の教員が毎週2時間、高2を対象に実施する講座です。明治大学10学部それぞれの紹介を中心に、専門教育の内容にまで踏み込んだものとなっています。また、「プレカレッジプログラム」は、高3の希望者が明治大学の講義を履修できる制度で、修得した単位は大学進学後に学部単位として認定されます。

そのほか、春・夏・冬の長期休暇中には短期集中講座であるセミナーを実施。簿記をはじめとした資格取得や、裁判傍聴、理科実験などに関する講座が開かれており、進路選択の参考にすることができます。

明治大学への推薦制度もあり、毎年約9割の生徒が同大学に進学しています。一方、推薦資格を保持したまま、国公立大学や一部私立大学を併願受験することも可能です。

将来に活きる能力を身につけ、自分に合った進路がめざせる環境です。

あの学校の魅力伝えます

スクペディア No. 68

# 学習院《がくしゅういん》高等科

東京都　豊島区　男子校

所在地：東京都豊島区目白1-5-1　生徒数：男子のみ606名　TEL：03-5992-1032　URL：https://www.gakushuin.ac.jp/bsh/
アクセス：JR山手線「目白駅」・地下鉄副都心線「雑司が谷駅」徒歩5分

## 多彩な学びで育まれる豊かな個性

都心にありながら緑に囲まれた広大なキャンパスを有する学習院高等科（以下、学習院）。古くは公家の学問所としてスタートした起源を持つ、長い歴史と伝統を誇る男子校です。教育方針である「ひろい視野」「たくましい想像力」「ゆたかな感受性」という3つの力を中心に、生徒の個性と可能性を伸ばす教育が実践されています。

### 生徒の可能性を引き出す 充実した教育環境が魅力

学習院では、生徒1人ひとりの学ぶ心、探究する心を大切にしたきめ細かな指導が行われています。

学習の密度を高めるため少人数教育を取り入れており、数学・英語では各学年で1クラスを2分割して授業を実施しています。

高2・高3からは多方面への興味・関心に対応した選択科目を多く設置。大学のゼミにも劣らないアカデミックな授業が展開されます。とくに高2の総合選択では、「漢字の文化史」「生命科学入門」など教科学習にとどまらない多彩な講座が用意されています。

加えて、国際教育に力を入れているのも特徴です。外国語は英語のほかにドイツ語、フランス語、中国語が選択科目として用意されており、将来国際舞台で活躍するための素養を育むことができます。さらに、海外で学びたい生徒は、留学先で十分な成果が得られれば留年することなく次の学年に進級できる公認留学制度を利用することが可能です。アメリカ・メリーランド州にあるセントポール校とは1年間の協定留学制度も結ばれています。

進路先については、例年、生徒の約半数が学習院大学の希望する学部に進学しています。一方で、他大学への進学を希望する生徒も多く、東京大学をはじめとした国公立大学や、早慶上理などの難関私立大学へも多くの生徒を送り出しています。

また、学習院での学びは、机上のものだけではありません。生徒は様々な学校行事やクラブ活動にも精力的に参加しています。自然豊かでゆとりある敷地には2つのグラウンドや温水プールを備えた体育館、サッカー場、武道場などがそろい、生徒たちは恵まれた環境のなかで切磋琢磨し、心身ともに鍛えています。

大学受験だけでなく将来に役立つ深い学びを通して個性を育み、伸びのびと成長できる学校です。

あの学校の魅力伝えます
スクペディア No. 69

# 中央大学《ちゅうおうだいがく》高等学校

東京都　文京区　共学校

所在地：東京都文京区春日1-13-27　生徒数：男子244名、女子265名　TEL：03-3814-5275　URL：https://www.cu-hs.chuo-u.ac.jp/
アクセス：地下鉄丸ノ内線・南北線「後楽園駅」徒歩5分、都営三田線・大江戸線「春日駅」徒歩7分、JR中央・総武線「水道橋駅」徒歩15分

## 3年間でなりたい自分を見つける

「質実剛健」と「家族的情味」を教育理念に掲げ、生徒1人ひとりの希望進路に向けた様々な支援を親身になって行う中央大学高等学校(以下、中大高)。施設上の理由で「昼間定時制」を取っており、始業時間が全日制よりも遅いため、通学時間が長い生徒も余裕を持って登校できます。授業や課外活動などは全日制の学校と同様に取り組みます。

中央大学（以下、中大）の最初の附属校である中大高では、例年生徒の9割が中大に進学します。また、同じキャンパス内にある中大理工学部による理系進学者に向けた特別講座（高2対象）や体験実験教室（高3対象）、多摩キャンパスにある経済学部の講義のインターネット中継（高3対象）といった高大連携教育を実施し、一部の講義は中大に進学後、単位認定もしています。

国公立大学または私立大学で中大にない学部・学科をめざす生徒には、中大への推薦を保持したまま他大学受験ができる制度があります。さらに他大学受験のための講座も用意し、幅広い進路選択を手厚く支援しています。

授業は小テストや課題で生徒全員の学習状況を細かくチェックしながら進められます。高2まではじっくりと基礎学力の向上を図り、高3から文系・理系でクラスを分け、自身の進路に沿って自由選択科目を組みあわせていきます。

### 社会人との交流のなかで将来について考えを深める

中大高の特徴的な取り組みの1つとしてあげられるのが、各界で活躍している人々の話を聞く「総合学習講座」です。生徒は講座を通して、自分自身の将来について考えたり、未知の世界を知ったりするきっかけを得ることができます。

ほかにも高2の希望者を対象に、将来、世の中を引っ張っていくリーダーを育成するキャリア教育を実施。企業や研究機構で働く方々に助言をもらいながら、身の回りの物事から発見した課題の解決策を考えるグループワークを行い、3学期の終業式に全校生徒の前で成果を発表します。発表後は振り返りの会でこれまでの取り組みについて検証、今後の学びや進路選択に活かします。

このように中大高は、中大進学後や社会に出てからのことについて在学中に少しずつ考え始め、将来像をじっくりと描いていける学校です。

## 心を育て　学力を伸ばす

# 二《に》松《しょう》学《がく》舎《しゃ》大《だい》学《がく》附《ふ》属《ぞく》高等学校

〈共学校〉

地下鉄「九段下駅」から徒歩6分。都心にありながら、豊かな自然と歴史環境に恵まれたロケーションにある二松学舎大学附属高等学校（以下、二松学舎）。併設中学校のない共学の大学附属校として、新入生全員が同じスタートラインから高校生活を始めています。

### 三兎を追う生徒を求めるアドミッション・ポリシー

二松学舎は、今後ますます多様化が進むと予想される社会を見据え、これまでも、そしてこれからも日本に根ざした道徳心をベースに、自分で考える力、判断する力、行動する力を養う「学び舎」であり続けたいと考えています。そして時代に求められる確かな学力、積極性、創造性、協働性を持った人材を育成するために、様々なプログラムを用意して教育活動を展開しています。

二松学舎がめざす生徒像は、「自らを高めようとする生徒」です。学習だけでなく、部活動や学校行事にも積極的に取り組む「高校生活の三兎を追う」生徒を求めています。

### 心を育て、学力を伸ばすカリキュラム・ポリシー

二松学舎は、独自の「論語」学習を中心とした人格教育によって、人として大切な心をしっかり育て、社会に役立つ真の学力の育成をめざしています。


● **Address**
東京都千代田区九段南2-1-32

● **TEL**
03-3261-9288

● **Access**
地下鉄東西線・半蔵門線・都営新宿線「九段下駅」徒歩6分

● **URL**
https://www.nishogakusha-highschool.ac.jp/

「論語」は、週1時間、総合的な探究の時間で、1年生から3年間、積み上げて学んでいます。そして、そこで学んだ事柄を実生活に反映させられるよう、「実践」を意識した授業構成になっています。

二松学舎のもう1つの魅力が、道路を隔てて隣接する二松学舎大学との一体化した高大連携教育です。3年生では、自由選択科目として「書道」・「中国語」を大学の校舎で大学生と一緒に学び、二松学舎大学へ進学した場合は、大学の履修単位として認定されます。

また、千代田区九段という環境を活かした「九段フィールドワーク」という探究活動を行っています。二松学舎ならではの主体的・対話的な教育プログラムです。

「2022年度より、二松学舎大学の文学部に新に歴史文化学科が開設されます。これにより「文学部」と「国際政治経済学部」の2学部6学科となり、生徒の進路選択がより広がります。新しく開設される歴史文化学科には、日本史専攻・欧米アジア史専攻・思想文化専攻があるので、歴史に興味のある生徒には貴重な学科となるのではないかと思います」と入試広報部長の車田忠継先生は話されます。

## 生徒の夢を実現させる グラデュエーション・ポリシー

二松学舎は、1年次は特進コース、進学コース、体育コース（硬式野球部のみ）の3コース制です。2年次から理系コースを加えた4コース制となり、生徒1人ひとりの適性に合わせたきめ細かいサポートを行い、4年制大学への現役合格を目標としています。二松学舎大学へは、3年間、一定基準をクリアできた生徒が推薦で進学しますが、ほとんどの生徒が他の難関私立大学へ進学しています。

2021年度大学入試の現役生の進学状況を見てみると、4年制大学への進学率は80・6％（昨年74％）、合格率97・5％（昨年85％）で、いずれも昨年度より上昇しています。

これらの結果を受けて、さらなる高みをめざすために、特進コースでは、2022年度より国公立大学の受験も視野に入れたカリキュラムを導入します。さらに放課後に希望者を対象とした「レベルアップ講習会（仮称）」を実施し、生徒の学力向上の後押しをします。また、進学クラスでは指名制の「ベースアップ講習会（仮称）」を通して進学コース全員の学力の底上げをめざし、学校推薦型選抜や総合型選抜など、多様な大学受験に対応していきます。

「これらの取り組みは、生徒の自立した学習習慣の確立が目的です。教えられるだけでなく、自ら目標に向かって主体的に学んでいってほしいと思います。昨年度まで特進クラスは1クラスのみでしたが、今年度は特進クラスへの希望者が多く、2クラス編成になりました。より難関大学へチャレンジしようという流れが学校全体で生まれてきましたので、色々な教育改革を進める環境が整いました。

ぜひ一度、本校へおいでいただき、目標に向かっていきいきと活動する生徒の姿をみていただければと思います」（車田先生）

《2022年度入試概要》

| | 推薦入試 | 一般入試 | |
|---|---|---|---|
| | A・B・C推薦 | 一般Ⅰ<br>併願優遇Ⅰ | 一般Ⅱ<br>併願優遇Ⅱ |
| 募集人員 | 120名 | 80名 | 50名 |
| | 内、特進コース約40名 | | |
| 試験日 | 1/22（土） | 2/10（木） | 2/12（土） |
| 試験方法 | 適性検査<br>面接 | 一般Ⅰ・Ⅱ：筆記試験・面接<br>併願優遇Ⅰ・Ⅱ：適性検査・面接 | |
| 合格発表 | 試験当日19時にWeb発表 | | |

# 法《ほう》政《せい》大《だい》学《がく》国《こく》際《さい》高等学校

神奈川　共学校

**問題**

図1のように，AB＝2，AD＝1の長方形ABCDと，1辺の長さが1である正三角形PQRがある。はじめ，辺QRが辺AB上にあり，頂点Qと頂点Aが重なっていたとする。1枚の硬貨を投げて表が出たら時計回りに，裏が出たら反時計回りに，△PQRをすべらないように長方形の周りを転がす。例えば，1枚の硬貨を2回投げて2回とも表が出た場合は図2のようになる。このとき，次の問いに答えよ。

（1）硬貨を3回投げたとき，△PQRの1辺が辺CD上にある確率を求めよ。
（2）硬貨を5回投げたとき，△PQRの1辺が辺CD上にある確率を求めよ。
（3）長方形ABCDの辺の長さをAB＝8，AD＝2に変える。硬貨を10回投げたとき，表が出た確率は$x$回で，△PQRの1辺が辺CD上にあった。$x$として考えられる値は何個あるか。

図1

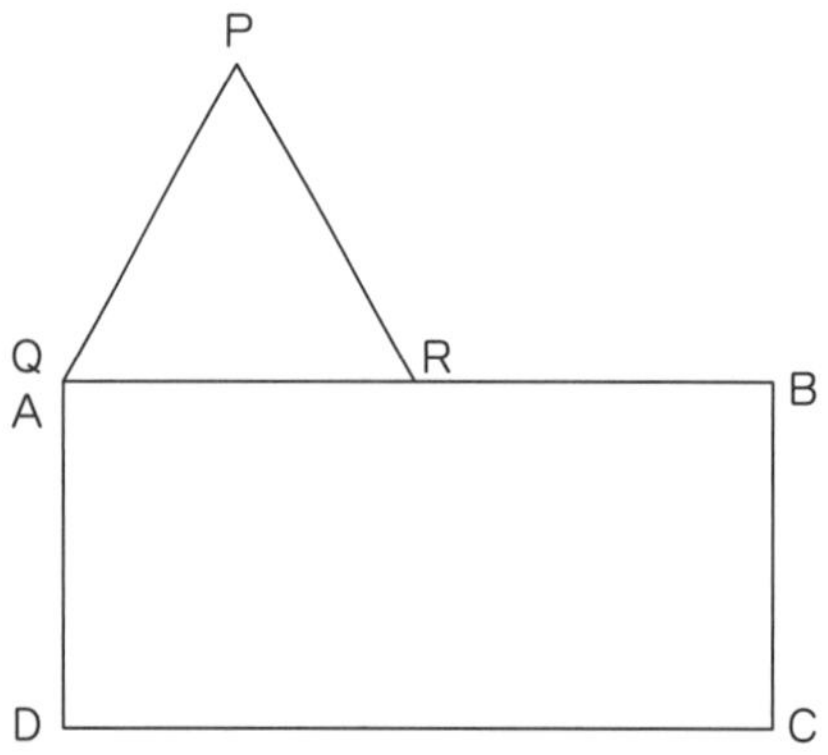


図2

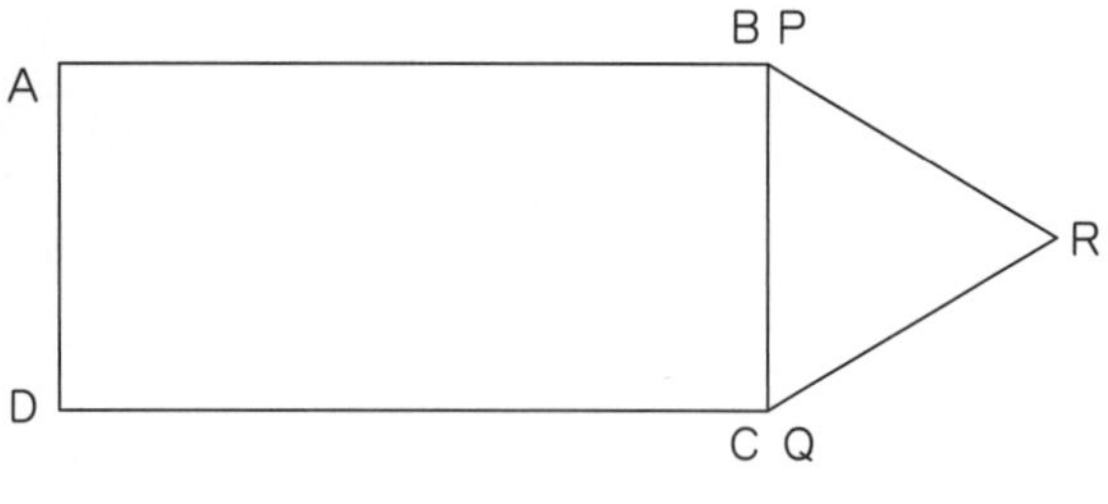


解答　(1) $\frac{1}{4}$　(2) $\frac{5}{16}$　(3) 5個

●神奈川県横浜市鶴見区岸谷1-13-1
●京急線「生麦駅」徒歩5分
●045-571-4482
●https://kokusai-high.ws.hosei.ac.jp/

【2022年度入試日程】
1月22日（土）E IB入試（自己推薦）
2月12日（土）B 学科試験
2月19日（土）C 思考力入試

# 錦《きん》城《じょう》高等学校

東京　共学校

**問題**

次のメールのやり取りを読んで、空所に入る最も適切なものを1つずつ選び、その記号をマークしなさい。

From: Eric
To: Koichi
Date: February 9th, 2021
Subject: Going to Japan

Hi, Koichi.
How have you been? It's been three years since you stayed with us. I really miss you. I am going to Japan next month! I am planning to visit Kyoto and learn the Japanese tea ceremony.【　1　】, so this is my first trip. Also, I would like to go to another place.【　2　】? If you have your favorite place in Japan, please tell me about the place.
Eric

From: Koichi
To: Eric
Date: February 10th, 2021
Subject: RE: Going to Japan

Hello, Eric.
I am happy to hear the news that you will come to Japan. I hope you can have a good time in Kyoto. At first, I was thinking that you should go to Zao in Yamagata. Zao is one of my favorite places and you can enjoy many winter sports such as skiing, but I realized that Zao is far away from Kyoto, and【　3　】.
So, how about coming to my house in Tokyo? There are so many places to visit in Tokyo. You can enjoy shopping and sightseeing. If you want, I will take you there. We have one empty room in our house, so【　4　】.
Koichi

【　1　】
ア．I have been there many times
イ．I have never been there
ウ．I won't go there by myself
エ．I visited Japan ten years ago

【　2　】
ア．Where are you going
イ．Where may I change trains
ウ．Where should I go
エ．Where do I have to take off my shoes

【　3　】
ア．it is wonderful to go there
イ．it is warmer than in Kyoto
ウ．it is very famous for cherries
エ．it takes five hours to go there from Kyoto by Shinkansen

【　4　】
ア．you can stay with us
イ．my family is large
ウ．you need to stay at a hotel in Tokyo
エ．you will eat dinner with chopsticks

解答【1】イ【2】ウ【3】エ【4】ア

●東京都小平市大沼町5-3-7
●西武新宿線・拝島線「小平駅」徒歩15分
●042-341-0741
●https://www.kinjo-highschool.ed.jp/

【2022年度入試日程】
1月22日（土）推薦入試
2月10日（木）
2月12日（土）一般入試

神奈川県 ● 共学校

# 法《ほう》政《せい》大《だい》学《がく》国《こく》際《さい》高等学校

法政大学の付属校として、創立72年目を迎える法政大学国際高等学校。2018年度には多様な他者とつながる地球市民を育てる学校を目指して共学化しました。グローバル探究コースとIBコースの2コースが設置され、自由と創造性を重んじた教育が行われています。今回は、入試広報部主任の高嶋竜平先生にお話を伺いました。

## 個性的な生徒が集まる学校

本校は2018年に共学化するまで、長い伝統のある女子校でした。女子校の頃から大切にしている言葉として、名誉校長の野上弥生子が述べた「女性である前にまず人間であれ」があります。

まず一人の人間としてどうあるべきか。そのようなことを生徒と教員がともに考えていく中で、多様な人たちが集まる学校でありたいと願い、国際高校と名称を変更して共学化しました。

帰国生の受け入れを始めたのも、多様な経験を学校生活の中で発揮してほしいと考えてのことです。

本校の生徒は、帰国生も、日本で生活をしてきた人も、それぞれが個性的です。様々な個性を持った人が集まり、お互いを尊重しながら学校生活を送っています。授業の中で討論を行うと、思いもかけない意見が飛び交って面白いですよ。

## 自らの進路に合わせ自由に選択するカリキュラム

本校はIB（国際バカロレア）認定校です。2020年度に完成年度を迎え、フルディプロマ最終試験では受験した5名全員が合格しました。

IBコースは、Dual Languageによって実施しています。国際標準のカリキュラムですが、授業中の言語として英語を使うのは、「English B」と「Mathematics-Analysis and Approaches」のみとなっています。

また、新カリキュラムでは、グローバル探究コースでも「Critical Thinking」を実施するなど、IBのノウハウを、IBコースだけでなく学校全体に広げています。

グローバル探究コースでは2年生からはすべて選択授業となり、ホームルームクラスを設けていません。

様々な学術分野の専門書が揃う図書室。雑誌類も充実しています。

生徒は自分の興味関心、進路に合わせて自由に授業を選択します。学びの内容を主体的に考え、選ぶことで、これからの人生を切り拓いていく力を身につけてほしいと考えています。

何事も自分自身で動き、判断していかなくてはならない環境ですが、2年次から3年次は担任に代わるものとしてアドバイザーを設置するなどして見守り、必要な支援を行っています。

## 探究的な学習を実践するプログラム

国際教育プログラムとしては、海外からの留学生との交流や姉妹校であるスウェーデンのクララ高校との長期交換留学の制度があります。

その他、「全国高校生ＳＤＧｓ選手権」に出場したり、法政大学の付属校の生徒を対象とする英語プレゼンテーション大会で活躍したりする生徒もいます。２０２１年は、生徒の発案で、カンボジアに家庭用浄水器を送るためのクラウドファンディングを実施しました。

グローバルリーダー育成プログラム「ＰＡＳＳ探究プログラム」では、社会の課題を見つけて、解決方法を探り、提案していきます。「世界」の問題に対して関わっていく生徒たちを育てたいと考えています。

これらの活動の中で学んだことをさらに追究することが、進路選択にもつながっていると思います。法政大学への推薦入学の権利を持ったまま他の大学を受験することもできるため、将来の可能性を広げることができます。

入試広報部主任
高嶋《たかしま》 竜平《りゅうへい》 先生

## 入試について

グローバル探究コースの「Ｄ帰国生・海外生入試」では、２０２２年度から数処理能力基礎試験が追加され、入学後の数学の授業で十分に学ぶことのできる数的な処理能力を測ります。一方で、日本語作文は自分の考えをわかりやすく表現してほしいです。

ＩＢコースの入試では、小論文によって論述力を見ます。日本語の文章を読んで内容を分析し、自分の意見や批評を論述する形式です。数学能力適性検査は中学校の数学レベルですが、ＩＢプログラムの特徴に合わせて、論述形式の問題も出題されます。

本校は多様な人が集まる国際社会の縮図です。帰国生には、異文化に触れて感じたことを忘れないでほしいと思います。海外で体験してきたことを生かして、一緒に面白い学校を作りましょう。

**スクールインフォメーション**

所在地：神奈川県横浜市鶴見区岸谷1-13-1
アクセス：京急線「生麦駅」徒歩5分
ＴＥＬ：045-571-4482
ＵＲＬ：https://kokusai-high.ws.hosei.ac.jp/

**2021年4月　法政大学推薦合格者数**

法学部…37名／文学部…27名／経済学部…22名／社会学部…33名／経営学部…35名／国際文化学部…12名／人間環境学部…15名／現代福祉学部…10名／キャリアデザイン学部…12名／スポーツ健康学部…4名／グローバル教養学部…1名／情報科学部…7名／デザイン工学部…8名／理工学部…6名／生命科学部…6名

グローバル教育出版の本

## 新刊案内

「先生を育て学校を伸ばす」ベテランが教える

# 生徒を育て、人を育て、そして、自分を育てる 先生のための本

本文60ページ分
増補・改訂

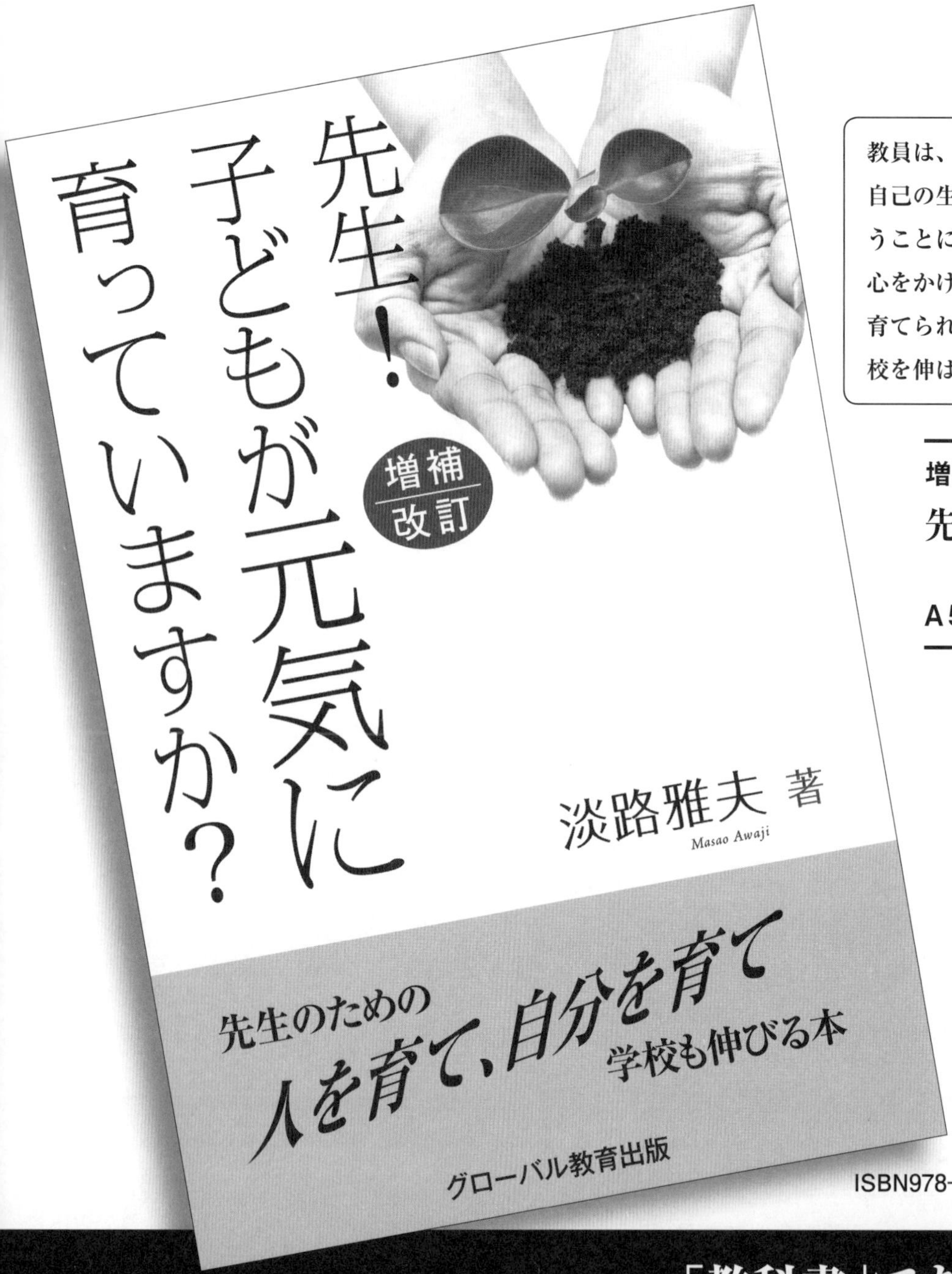


学校が伸びる

教員は、生徒に向ける関心こそが、自己の生徒指導の方法を磨いていくのだということに気づくべきです。生徒に「目をかけ、心をかけて」育てていくことで、教員自身も育てられているのです。それがひいては、学校を伸ばすことにつながります……著者

増補・改訂　淡路雅夫 著

**先生！子どもが元気に育っていますか？**

A５判 200ページ 定価1,760円（税込）

淡路雅夫（あわじ・まさお）
淡路子育て支援教育研究所主宰。専門は子どもの教育・福祉を中心とした家族・親子問題。現在は、私立学校の教育顧問など教育アドバイザー。保護者の教育相談・講演・執筆を行うほか、教員管理職を対象とした勉強会も主催し、愛弟子も多い。近年は、私立幼稚園の保護者や教員・幼稚園協会での講演にも力を入れている。私立浅野中学・高等学校（神奈川県）元校長。

ISBN978-4-86512-188-9

この本は 先生のための「教科書」であり「強化書」である
森上教育研究所 所長 森上展安

https://www.g-ap.com

グローバル教育出版　〒101-0047 東京都千代田区内神田2-5-2 信交会ビル3階　電話 03-3253-5944　Fax 03-3253-5945

## 中学生の未来のために！

# 大学入試ここがポイント

中学生のみなさんは「先を見て」と言われたら「高校受験のこと？」と思われるでしょうね。
でもいま、大学まで、いやその先も考えて高校を選ぶ時代がきています。
そんな「大学のこと」を少しでも身近にとらえられるようなリポートをお届けするページです。

# まもなく実施の大学入学共通テストってどんな試験？

NEWS

### 共通テストに53万人出願 現役生の志願割合が最高に

大学入試センターは昨年の12月7日の発表で、まもなく実施される大学入学共通テスト（以下、共通テスト）の確定出願者数は53万3677人だとした。これは前回から4878人の減。共通テストが行われるのは、2020年に続き2回目。出願者数の内訳は、現役生44万9369人（4226人減）、既卒者7万6785人（4222人減）など。

来春に高校などを卒業見込みの現役生が、共通テストに出願した割合（現役志願率）は45・1％で、少子化の進行で18歳人口の減少が進むなか、前年度から0・8ポイント上がった。これは前身の大学入試センター試験（以下、センター試験）を通じても過去最高の出願割合となった（※現役志願率は、高校等卒業生のうち共通テストに出願した者の割合で、共通テスト志願者のうちの現役生の割合ではない）。

共通テストは本誌発売日の1月15日と16日に全国677会場で実施される。新型コロナウイルスに感染した受験生などに配慮し、追試験が1月29、30日に行われる。

共通テストを利用する大学や短大は前回から2校減り864校だった。

### 暗記だけでは答えられない テストへの脱却が図られた

さて、共通テストは冒頭で触れた通り、2021年1月に、従来のセンター試験に代わって初めて実施され、今回が2回目。

このテストの成り立ちは、各大学が独立行政法人「大学入試センター」と共同で実施する試験となっている。出題・解答はマークシート方式。

従来のセンター試験が、知識や解法の暗記のみで解答できるような問題が多くなって批判が高まったことから、その脱却を図る意味もあり、第1回の共通テストでは、暗記で答えられるような出題はセンター試験よりも全般的に減少。資料やデータ、グラフなどの読み取りが重視され、思考力や判断力が問われる出題が多くみられる傾向となった。

共通テストは、国公立大学の一般選抜の多くでは1次試験のような位置づけで、共通テストの得点と、大学ごとに実施される「2次試験（個別学力検査）」の得点との合計で合否が判定される。そのため、国公立大学の一般選抜を受験する者は、原則として共通テストを受験することになる。

私立大学でも、共通テストの成績を利用する「共通テスト利用方式」を設定している大学が数多くある。この方式の場合、その私立大学で行われる入試に足を運ぶ必要がなく、大学入試センターから通知される得点で合否を判断してくれるため人気がある。

# 東大入試突破への現代文の習慣

東大入試を突破するためには特別な学習が必要？　そんなことはありません。身近な言葉を正しく理解し、その言葉をきっかけに考えを深めていくことが大切です。田中先生が、少しオトナの四字熟語・言い回しをわかりやすく解説します。

早稲田アカデミー教務企画顧問
**田中としかね**

東京大学文学部卒業
東京大学大学院人文科学研究科修士課程修了
専攻：教育社会学
著書に『中学入試 日本の歴史』『東大脳さんすうドリル』など多数。文京区議会議員、第48代文京区議会議長。文教委員長・議会運営委員長・建設委員長を歴任。


田中先生の「今月のひと言」

## 思い通りにはならない「自然」。人の「気持ち」も同じですよ。

今月のオトナの四字熟語

## 制御不能

　コロナ禍においては、修学旅行に代表されるような「学校行事」について、さまざまな制限が課せられることになりました。皆さんも、中止や延期や変更といった学校側の対応に、ある意味振り回されてきたこの2年だったと思います。とはいえ学校関係者が、「どのような代替行事を実施すればよいのか？」と、頭を悩ませ試行錯誤を続けてきたことは承知しておいてくださいね。そうした模索のなかには、学校が行う「体験活動」について「そもそも、どうあるべきか？」といった議論まで含まれているのですよ。

　中央教育審議会では「体験活動」のことを「体験を通じて何らかの学習が行われることを目的として、体験する者に対して意図的・計画的に提供される体験」と定義しています。「体験する者」というのはもちろん皆さんたち生徒のことであり、「意図的・計画的に提供」するのが学校の役割になるのです。ですからどうしても、学校側の「意図」に沿わなかったり、「計画」通りにいかなかったりすることについては、教育活動としてはふさわしくないと判断されてしまうことになるのです。「もっと自由な行動を認める体験活動にしてほしいと思います！」という要望があることは知っています。学校も「いじわる」で皆さんの声に耳をふさいでいるわけではないのですよ。できるかぎり生徒の自主性にまかせた活動を後押ししたいと学校側も考えています。ですが、計画を立てる側としては「不確定要素」はできるだけ排除したいと構えてしまうものなのですね。とりわけ「自然体験活動」については、生徒の行動のみならず、相手が「自然」なものですから「思い通りにいかない」要素が多分に含まれているため、学校側としても準備がとても大変になるのです。

文部科学省では「自然体験活動」のことを「自然の中で、自然を活用して行われる活動であり、具体的には、キャンプ、ハイキング、スキー、カヌーといった野外活動、動植物や星の観察といった、自然・環境学習活動、自然物を使った工作や自然の中での音楽会といった文化・芸術活動などを含んだ総合的な活動である」と定義しています。身近な「自然体験」として、キャンプ（野外で一時的な生活をすること）に参加したことのある皆さんも多いのではないでしょうか。「飯ごう炊さん」や「キャンプファイヤー」など、小学生のころからお馴染みの体験であるともいえます。「身近な」「お馴染み」と書きました。ところがこれも準備をする学校側からすると、皆さんとは全く違ったシロモノに見えてくるのです。

「けがややけどの危険性を回避しなければならない」「食中毒の危険性も排除しなければならない」「熱中症等の健康管理には注意しなければならない」「急な天候の変化にも対応しなければならない」などなど、「意図的・計画的に提供」をする立場からは「想定外」ではすまされないことばかりなのです。ですからリスクマネジメントの観点から、キャンプ等の活動そのものを専門の業者に委託する学校も多くなってしまうのですね。「好きにさせてもらえない」と感じることもあるでしょうが、理由があってのことだと理解してください。

それでも「体験活動がどうあるべきか?」という議論においては、学校関係者もリスク回避のことばかりではなく、自然体験の意義について熱く意見を交わしていたのですよ。「自然体験」というからには「自然」＝「100%のコントロールは不可能」という事実を知ることにこそ重要な意義があるのではないのか、という問い掛けもなされました。計画通りに活動が進むだけでは確認作業で終わってしまいます。不確定要素がもたらす困難に直面して、「思っていたことと違う」「うまくいかない・できない」という「制御不能」な面を自然のなかで経験することにこそ、教育的な価値があるという意見です。「制御不能」に陥らない計画性と、「制御不能」を意図的に経験することの両面を考慮すべきだということになります。

また、人間も「自然の一部」であるということの認識も重要だと考えられました。コントロールできない自然の力というものが、自分のなかにも潜んでいるという理解です。自然の豊かさとは何か。それは複雑性であり多様性です。そしてそれは人間としての豊かさについても言えることなのです。自分のなかにある複雑性に目を向けること。コンプレックスという言葉は、さまざまな感情の「複合体」という意味なのです。

ですから、自分の感情がコントロールできないからといって、単純にマイナスの評価を下すべきではありません。人目をはばからず大泣きすることや、怒りにまかせて感情を爆発させることも、押さえつけるばかりではなくときには「自然な営み」として認めることも必要になるのです。ただし、「制御不能」を言い訳にして、はじめから無理だと居直ってしまっては「人間の営み」とは

言えません。思い通りにはならないことがあると知りつつも、自分ができることに注力すること。これこそが理性の働きなのです。自然体験活動で身につけてほしい「生きる力」だともいえます。人間と自然が共生するというのは、一体化すればよいという簡単な話ではありません。文化（理性）を媒介として、人間の生活を自然の中で続けることこそ重要なのだと思います。

# 今月のオトナの言い回し

## ガラパゴス化

私の使っている携帯電話はボタンを押して電話をかけるタイプです。折り畳み式でもあります。「ガラケーを持っているんですか！」と驚かれることもありますが、今や「ガラケー」は販売しておらず、私の携帯も「ガラホ」と呼ばれる「外見はガラケー、中身はスマホ」といった様式の電話なのです。通話とメール以外で利用することもありませんので、「アプリ」（アプリケーションソフトウェア）とも無縁です。特に新しい機種に変更する必要を感じないのですが、「インターネットの検索はどうするのですか？」と心配されたりします。パソコンを使って書き物をする際にはもちろん検索しますが、辞書を引く感覚なので、辞書を持ち歩かないのと同様に、携帯で調べようとは思わないのです。

こうした態度にかつての教え子（もう社会人として活躍しています）から、「ありえないですよ、ガラケーなんて！」とからかわれたものですから、反発してみたくなったのです。「ガラパゴスというのは進化の最先端に位置するんだぞ！」と。

ガラケーの「ガラ」は「ガラパゴス化」の略で、日本独自に発達した技術やサービスが世界的な標準規格からはかけ離れていってしまった状態のことを意味しています。その結果、競争力の低下をまねいた状態を指すこともあり、世界から取り残されていることを揶揄する表現としても使われています。

そもそも「ガラパゴス」という言葉は、南米の「ガラパゴス諸島」に由来します。南米といっても、エクアドルから太平洋に向かって西に９００キロメートル離れている「絶海の孤島」の集まりです。この島々は過去に一度も大陸と接したことがないため、島全体の生態系が独自の進化を遂げているのです。ガラパゴスゾウガメ、ウミイグアナ、ガラパゴスペンギンなどといった、ガラパゴス諸島でしか見ることのできない固有種の宝庫です。しかしながらガラパゴス諸島は外来種や環境破壊により、世界一絶滅危惧種の多い島だとも警告されているのです。

「ほら、取り残されて危機に瀕しているという意味じゃないですか」と教え子くんは指摘しますが、皆さんに知ってほしいのは「独自に進化を遂げた」という部分なのです。生物として最適化を進行させたのですよ。その結果、唯一無二の存在になったのです。決して「退化」ではないということを理解してくださいね。でも私も、スマホで検索できるように適応したいと思います！

その研究が未来を拓く

# 研究室にズームイン

国立研究開発法人　理化学研究所
開拓研究本部
坂井 星・惑星形成研究室
主任研究員
坂井《さかい》 南美《なみ》 先生

## 地球、生命の誕生に化学的な視点で迫る

日本には数多くの研究所・研究室があり、そこではみなさんの知的好奇心を刺激するような様々な研究が行われています。このコーナーではそんな研究所・研究室での取り組みや施設の様子を紹介していきます。今回登場するのは、電波望遠鏡を使用して、化学的なアプローチで宇宙を研究する理化学研究所の坂井南美先生です。

写真提供　坂井南美先生

アルマ望遠鏡

坂井《さかい》 南美《なみ》

早稲田大学理工学部物理学科卒業、東京大学大学院理学系研究科博士課程修了。東京大学助教を経て、2015年に理化学研究所准主任研究員に就任。2018年より同研究所主任研究員。

## すべての始まりは幼いころの興味

私たちが生きる地球はどのように誕生し、いまのような美しい自然を有する星となったのか。そして、生命はどのように生まれたのか。まだ答えの見つかっていないこれらの疑問を解き明かそうと研究を進めているのが、理化学研究所の坂井南美先生です。

「幼少期から自然、そして生きものが大好きでした。敷地内に林や池もある緑豊かな小学校に通っていて、よく木登りをしたり池でイトトンボを捕まえたりして遊んでいましたね。そのなかで『どのようにしてこの世界はできあがったんだろう』と興味を持つようになったんです」と話されます。

読者のなかには「地球は岩石の塊から、いまのような姿になった」「地球には水があるから生命が誕生した」と思う方もいるかもしれません。しかし、坂井先生の研究は、地球や生命の誕生に少し違ったアプローチで迫るものです。それは化学的な視点だそうで……。

「あらゆる物質は原子という非常に小さな粒からできている」「いくつかの原子が結びついているものを分子と呼ぶ」……みなさんも理科の授業で習うでしょう。

原子の種類（元素）がまとめられているのが、理科の教科書などに載っている元素周期表です。水素、ヘリウム、リチウム……。すべてのものは、これらの組みあわせで作られています。例えば、水素（H）2つと酸素1つが結びついて水（$H_2O$）ができているという形ですね。もちろん私たち人間も同様で、炭素（C）やナトリウム（Na）、カルシウム（Ca）など、多くの元素で成り立っています。

原子はそもそも宇宙で作られたもので、様々な分子ももちろん存在し

「星の誕生」イメージ図

ています。それらがどのような化学的進化を遂げて、現在の地球、多様性のある生命が生まれたのかは解明されておらず、坂井先生の興味はまさにそこにあります。

## 電波望遠鏡を使い 分子のデータを取得

化学的な視点で宇宙を研究するために必要なのが電波望遠鏡です。

「私は電波望遠鏡を使って、おもに分子について調べています。分子はそれぞれ異なる波長の電磁波を出していて、そのデータ『スペクトル線』を解析することで、分子の種類、量、温度、分布、さらにはその分子を含むガスの動きまで調べられます。

さらに化学進化についても知ることができるんです。例えば、星が誕生しつつある雲を観測したとします。中心部分には一酸化炭素（CO）が多く存在し、周囲に炭素（C）があったら、星の形成過程でCがCOに変化しているのだとわかります」（坂井先生）

宇宙に分子があることは1970年代に判明していました。ただ、色々な元素が組みあわさった複雑な分子が、太陽のような星が誕生する場所で確認されたのは2000年代に入ってからです。望遠鏡の感度や解像度があがったことで、複雑な分子が出す電磁波も受け取れるようになりました。

坂井先生は野辺山45m電波望遠鏡（日本）をはじめ、IRAM30m望遠鏡（スペイン）、グリーンバンク望遠鏡（アメリカ）、マックスプランク研究所100m電波望遠鏡（ドイ

スペインにあるIRAM30m望遠鏡㊧とアメリカのグリーンバンク望遠鏡㊦。いずれも電波望遠鏡ですが、外観はそれぞれに異なります。

ドイツ・マックスプランク研究所100m電波望遠鏡の電波受信器設置部分㊤。望遠鏡の操作はコンソール㊨で行います。

たくさんの機械が並ぶ野辺山45m電波望遠鏡（日本）の受信器室。

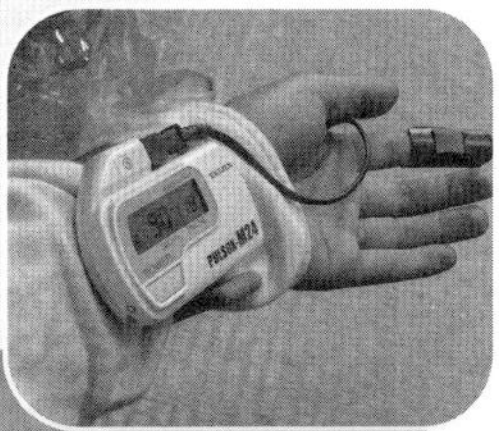

5000mの高地にあるアルマ望遠鏡（チリ）を訪れる際は、酸素濃度計を装着します。

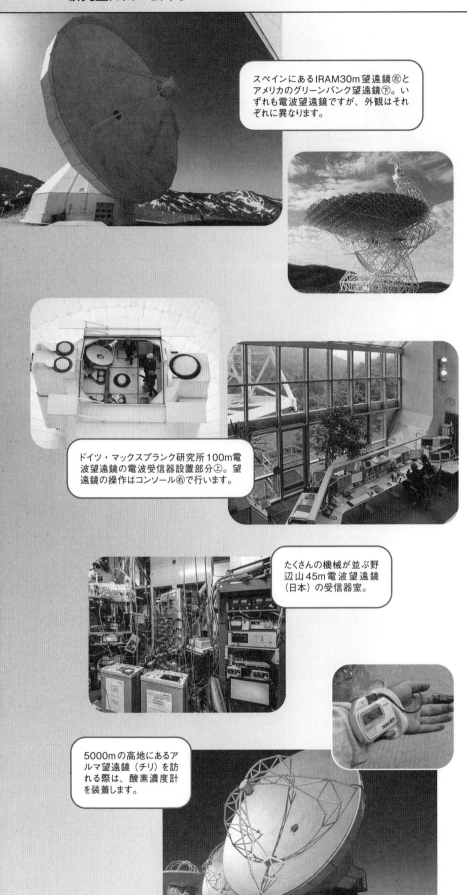

望遠鏡ごとに感度や解像度、とらえられる範囲は異なり、得られるデータ㊦もそれぞれに違います。例えば、アルマ望遠鏡は、人間にすると視力6000を誇り、遠い天体からの弱い電磁波も受け取ることが可能です。

坂井先生のデスク。「データ分析、資料作成、論文執筆など、様々なことを同時に進めやすいように、大きなディスプレイを使っています」と話されます。

スピッツアー宇宙望遠鏡（運用終了）　ビュール高原電波干渉計　アルマ望遠鏡

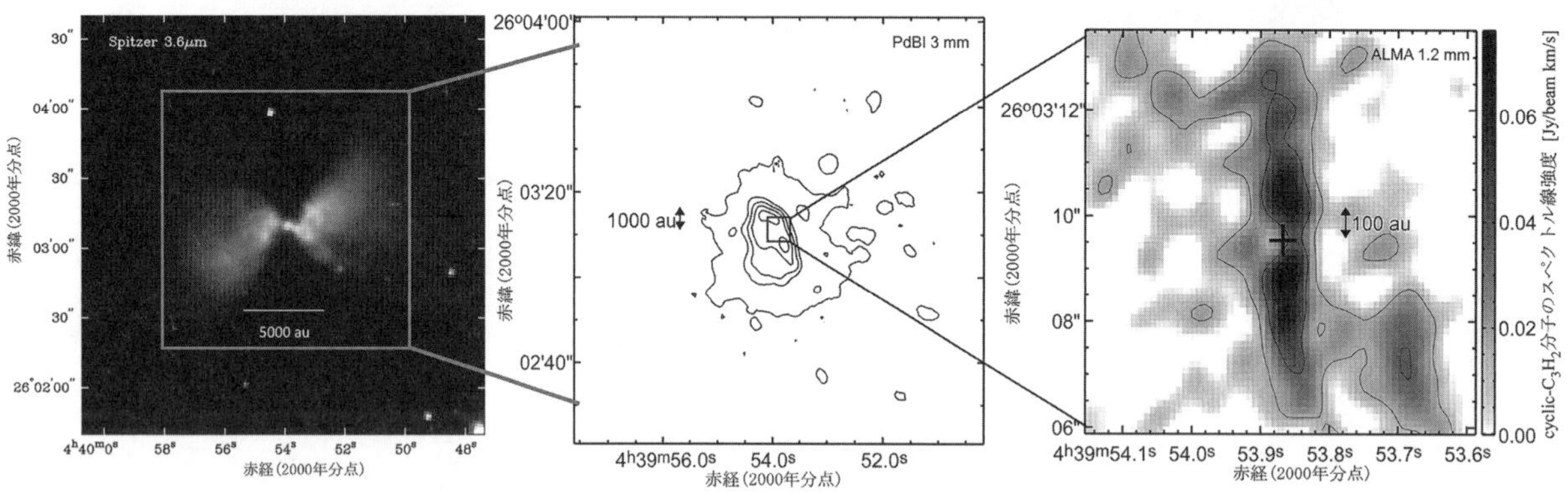


アルマ望遠鏡の観測データ：様々な分子からのスペクトル線（Uは未知の分子）

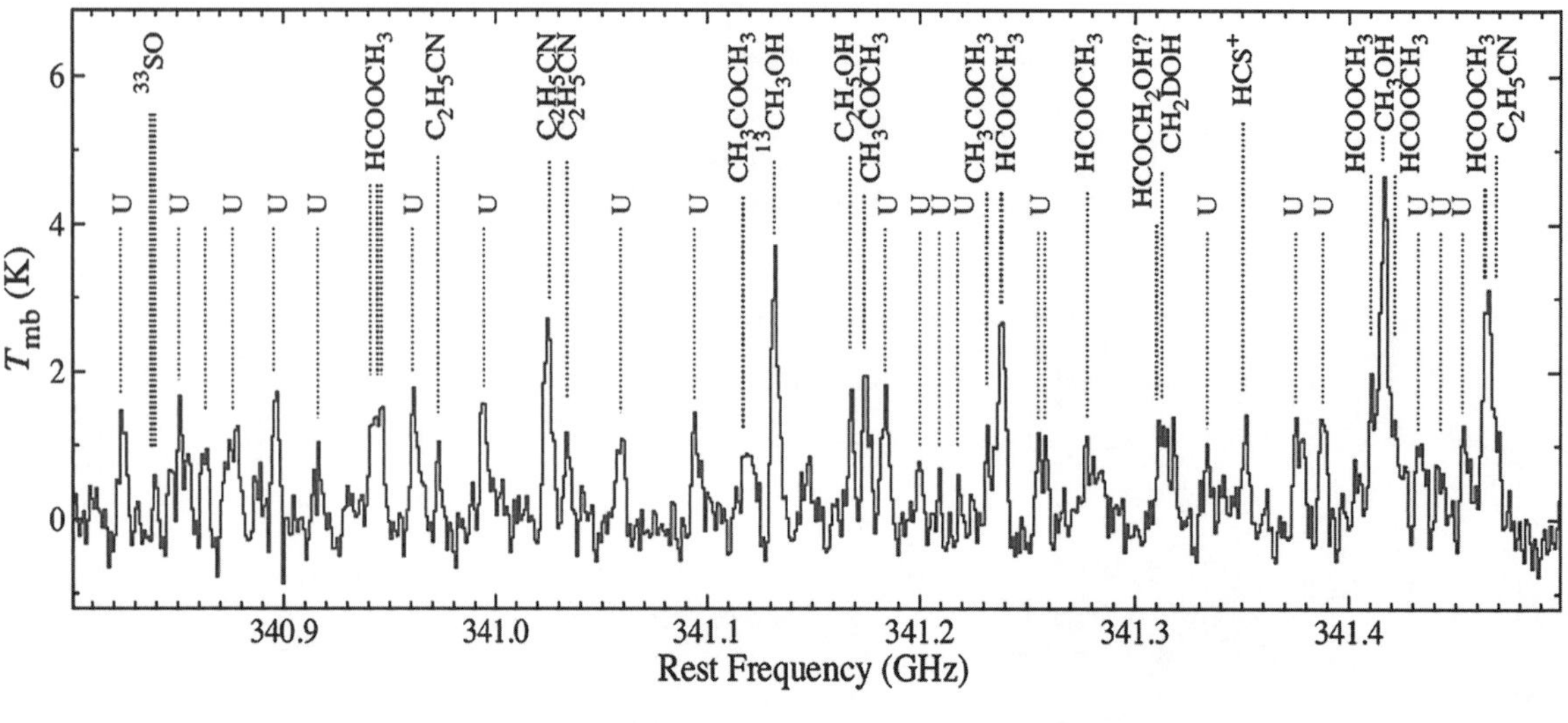


ツ）など、これまで多くの電波望遠鏡を使って研究を進めてきました。現在おもに使用しているのはアルマ望遠鏡（チリ）です。アルマ望遠鏡を含め、公共の望遠鏡を使うためには、観測提案書（以下、提案書）を提出し、採択される必要があります。提案書には、どのような観測を行いたいのか、得られる成果はなにか、その成果が天文学に、どのような影響をもたらすのかなどを記します。

アルマ望遠鏡は例年4月に提案書の公募を行うそうです。世界中の天文学者が応募するため、2021年の倍率はなんと6倍。厳しい審査を通過できたとしても、各研究者は限られた時間しか使えません。また悪天候で十分なデータを取得できないこともあります。その場合は時期を改めて再度提案書を出さなければなりません。同じ内容であったとしても、2度目も審査が通る保証はないシビアな世界です。

「たとえ審査に通っても、すぐに観測がスタートするわけではなく、さらにデータが届くまでにも時間がかかるので、提案書提出からデータ到着まで1年〜2年は待ちますね。アルマ望遠鏡の操作は、基本的に現地のスタッフが行ってくれるので、チリまで赴く必要はありません。ただし、届くのは生《なま》データといって、研究に使う前に事前解析（0次解析）が必要なものです。この作業に数カ月かかります。その後データを詳細に分析し、わかったことを論文にまとめて発表します。

生データは1年経つとアルマ望遠鏡のホームページに公開されてしまい、だれでも見られるようになります。ですから、ほかの研究者がそのデータから新たな発見をする前に、オリジナルの研究として発表できるよう1年の間になんとか論文を仕上げようと奮闘します。天文学者は望遠鏡を覗いているイメージがあるかもしれませんが、パソコンの前に座っている時間の方が長いんですよ」と笑顔で話される坂井先生。

## サブ領域ごとに観測し比較する

現在進めているのは、アルマ望遠鏡でペルセウス座の領域にある50天体を観測し、メタノールと炭素《たんそ》鎖《さ》分子を探した際のデータ分析だといいます。炭素鎖分子とは、炭素が鎖状に結合した分子のことです。

「ペルセウス座の領域には、生まれたばかりの天体を含め、数多くの天体があります。同じ領域にあると、距離などの観測条件の違いを考える必要がないため、ペルセウス座を観測対象に選びました。また、天体が密集している・まばらにしかない、ほかの天体が放つ光を浴びている・浴びていないなど、少しずつ異なる条件下にある小さな領域『サブ領域』に区分けされているのも魅力です」と話す坂井先生。

条件が異なる天体で、同じ分子を探すことに、どのようなメリットがあるのでしょうか。

「データを比較できる点です。例えばその存在量や分布の仕方が異なる場合に、それはほかの天体から照らされていることが原因ではないか、とわかるようになるんです。

想像してみてください。炎天下に置いてあるオレンジジュースと、冷蔵庫で冷やしているオレンジジュース。初めは同じ味だったとしても、時間が経つにつれて異なる味になってしまい、そのうち炎天下に置いていた方はまずくなってしまいますよね。私たちはそれを味で判断していますが、化学的な視点で見ると、異なる条件を与えたことで、化学進化が異なっていったということになります。天体でも同じことが起きると考えられます」（坂井先生）

スタートが同じでも、条件が異なれば、それぞれ別の化学進化を遂げていく……では地球は、生命は、いったいどのような道をたどってきたのか気になりませんか。

坂井先生は「みなさんは生物学における生命の系統樹を知っていますか。始まりは同じだったにもかかわらず、それぞれが異なる道をたどって進化し、現在のような多様性のある世界になったことを示す図です。私は分子の進化という点に焦点を当てて地球や生命の誕生に関する系統樹を完成させたいと考えています。

地球や生命が誕生するまでにたどってきた道は、スタートからゴールまで一直線につながっている単純なものではなく、きっといくつもの分かれ道がある複雑なものだったと思うんです。どのような条件によって分かれ道ができたのか、そしていくつぐらいの分かれ道があったのか……。それを解明することで、地球や生命の誕生が奇跡的なものなのか、それとも太陽系以外にも同じような星、生命が誕生しうる星がたくさんあるのかがわかると考えています」と話されます。

## 大きな発見をした大学院生時代

坂井先生のこうした研究は大学院生のときにスタートしました。

「星が誕生する際の雲の化学進化を研究されていた山本智先生のもとで学びました。私も化学的なアプローチで天文学を研究したかったので、ぴったりの研究室だと感じたんです。通常、大学院進学の際は色々な研究室に希望を出すのですが、私は『山本研究室しかない』と思って、ほぼ単願という形でした」（坂井先生）

希望通り、山本研究室に入った坂井先生は、野辺山45m電波望遠鏡を使って初めての観測を行いました。その観測は、ギ酸メチルをペルセウス座の原始星周りで探すというもの。ギ酸メチルは当時へびつかい座の原始星周りで初めて存在が確認されたばかりでした。複雑な分子であるギ酸メチルが、生命の手を借りずに自然にできていることが大きな発見となっており、ほかにも存在するかどうか、関心が寄せられていたのです。坂井先生はペルセウス座の原始星で見事発見し、その後おうし座でも同様の観測を実施しました。

「じつはおうし座にある原始星の周りではまったく見つからなかったんです。1回目の成功が評価されていたこともあって、2回目は100時間という長い観測時間をもらっていました。それなのに、成果が出なかったらどうしようと焦りましたね。それでも諦めずにスペクトル線の分析を続けていたら、炭素鎖分子が存在していることを発見できたんです」と坂井先生。

炭素鎖分子とは、前述の通り炭素が鎖状に結合したもの。大気中や地球上にはない分子で、その理由はとても反応性が高いことにあります。色々な原子や分子が存在する密度の高い大気中や地球上の場合、すぐに水素や窒素、酸素などと反応してしまい、炭素鎖分子としては存在し続けることができないのです。

宇宙空間は密度が低く、原子や分子が互いに出会うチャンスが少ないといえますが、坂井先生が炭素鎖分子を発見したのは、星が誕生しようとしている密度が高い空間。なぜ密度が高い空間で炭素鎖分子がそのままの形で存在できていたのでしょう。その理由は「ちょうどメタンが蒸発する温度の空間だったので、メタンを起点として炭素鎖分子が一挙に再生成されていたためと考えられます」とのこと。

炭素鎖分子の存在も大きな発見でしたが「星が誕生する際、この星ではギ酸メチル、あの星では炭素鎖分子、と星ごとに存在している分子が異なることを発見したのが大きな成果でした。なぜなら、その違いはその後の化学進化にも影響し、結果的に異なる星になっていくとわかったからです。それで星ごとにどのような化学進化を経ていくのかを順々に明らかにしていけば、いつか地球、生命誕生の系統樹を描けるのではないかと思いました」と坂井先生。

## おもしろいと感じる気持ちを大切に

予想を裏切る観測から大発見をした大学院生時代。しかし、思い通りの結果が得られないのは悔しいのではないかと尋ねてみると「予想通りではないからおもしろい。自分の予想がそのまま結果として得られたら、『よし』と思い論文は書きやすいんですが、ただ事実を確認しただけなのでつまらないですね（笑）」とまさかの答えが返ってきました。

「予想通りの結果が得られたら、その研究はそこで終わりです。しかし予想と異なれば、それはなぜなんだろうと、新しい研究につながっていきます。もちろん予想とあまりにもかけ離れていると困ってしまいますけど（笑）。でも存在すると思っていた分子がない、というのもある意味で発見なんですよ。そこから新たな研究が始まりますからね。

おもしろいという気持ちを持つことは、研究者にとって、とても重要なことだと感じます。おもしろいと思わなければ研究を続けられないですし、その気持ちがあれば、たとえ失敗したとしても乗り越えられるはずです」と続けます。

## 手作りの実験器具で自ら実験を行う

そう話す坂井先生が「やってみたらおもしろかった」というのが、現在行っている実験だといいます。

実験室には銀の筒（ガスセル）が横たわっています。ガスセルのなかは宇宙空間と同じ条件にすることが可能。このなかに分子のガスを入れて手作りの電波受信機で電磁波を受け取り、それをデータ化するそうです。

すでにお伝えしたように、分子は固有の電磁波を出しています。では、どの電磁波がどの分子のものかを判断する基準はなにかというと、分子分光学という研究分野のデータベースがあるといいます。

坂井先生は「それらのデータは分子分光学者の方々の成果が詰まっているもので、私も利用させてもらっていました。しかし、もともと天文学研究に使うためのものではないので、必要なデータがなかったり不十分だったりすることもあって……。そこで、データがなければ自分で実験して取得しようと思ったんです。やるしかないと仕方なく始めた実験でしたが、やってみると楽しいんです」と笑顔を見せます。

## 「興味の芽」を育て一歩踏み込んでみよう

研究者の道を迷うことなく進んできたように感じられる坂井先生。しかし、意外にも大学生のときは宇宙のなにを研究したいのか、はっきりしていなかったそうです。

「天文学者への憧れはあったものの、その思いは、ただ宇宙に興味がある、という漠然としたものでした。

坂井先生（左から３人目）が東京大学の助教時代に、アステ望遠鏡（チリ）を訪れた際のひとコマ

## 実験室

**矢印で示した筒がガスセルです。手作りの電波受信器㊤はアルマ望遠鏡で使われているものと同じ性能だというから驚きです。電磁波は水面に生じる波のような性質を持っており、実験では、各電磁波が1秒間に進む距離、波打つ回数を計測しなければなりません。「正確に時間を計る必要があるので、精度の高い時計㊧を使用しています」（坂井先生）**

しかし、ある先生に『宇宙のなにを研究したいのか』と聞かれ、真剣に考えてみたんです。すると幼いころの気持ち、疑問が根底にあることに気づきました。みなさんのなかにも『興味の芽』と呼べるものがあるはずです。それがたとえ漠然としたものであっても大切にしてください。『興味の芽』があればあるほど、未来の可能性は広がっていきます。

　そして興味を持ったことについては、一歩踏み込んで行動してみましょう。私は大学生のころ、山本研究室の方々が学会に出ることを知り、事前の約束もせずに仙台の会場を訪れました。ちょうど夏休みだったこともあって、思いきって行動してみたんです。そこで運よく山本先生に会えて、後日研究室を見学させてもらい研究室の希望を出し……という経緯があります。

　失敗が怖くて行動できない人もいるかもしれません。しかし失敗も経験の1つとして、なにかしら得るものはあると思いますし、失敗を繰り返してこそ、道は開けていくのではないでしょうか」（坂井先生）

　好奇心や行動力にあふれる坂井先生。最後にみなさんへのメッセージをくださいました。

「大人になると、そのときどきに必要なものを学ぶ時間しかなく、網羅的に勉強することは難しくなります。しかし、中高時代は卒業後の進路にかかわらず、様々な勉強ができる時期です。ですから、どの科目もしっかりと学んでください。ムダな勉強は1つもありません。例えば天文学者になりたい場合も国語は大切です。審査に通る提案書を書くためには、論理的な文章を組み立てる国語の力が重要ですからね。

　基礎的な力が身についていれば、応用がきくはずです。いまは幅広く学んで、知識の引き出しをたくさん作っておきましょう」（坂井先生）

「天文学は、解明されていないことがほとんどなので、新しい事実を発見するチャンスにあふれています。だれも知らないことを見つけたときは、すごくドキドキして感動しますよ」

国立研究開発法人　理化学研究所
開拓研究本部
**坂井 星・惑星形成研究室**
所在地：埼玉県和光市広沢2-1
URL：https://www.riken.jp/research/labs/chief/star_planet_form/

# いま注目の新しい学びを実践する開智国際大学
# 急激にレベルアップしている『国際教養学部』を探る

**学問の分野を超え、さまざまな授業を通して、グローバル社会に活躍できる人材の育成を目指す開智国際大学の「国際教養学部」。グローバルビジネス科目群、人間心理科目群、多文化・国際社会科目群の3つの中から中心となる1つの科目群を選択して専門的に学ぶことも、また複数の科目群の中から将来を見据えて自分に必要な科目を自由に選択することもできる、21世紀型の「国際教養学部」を取材しました。**

**（取材・SE企画）**

常磐線快速電車で東京駅から約30分の柏駅。ここからバスで約10分の「柏学園前」で降りると、緑の森の中に落ち着いた佇まいの開智国際大学のキャンパスが広がっています。出迎えてくれたのは、2021年度から国際教養学部長に就任した古賀万由里先生です。

## グローバルな英語を学ぶ

国際教養学部の第一の特徴は、英語をしっかりと学ぶことです。1年次に週3コマ（90分×3）、2年次に週2コマの英語を学びます。クラスは20名前後の習熟度別編成になっているため、自分の進度に合った学習ができ、英語力を伸ばすための最強の環境が整っています。2年次以上も英語の必修・選択科目があり、英語力をもっと伸ばしたい学生は、それぞれの語学力に応じた授業を選択できます。

海外での研修も多彩です。1年次には2週間の海外研修が予定されています。この研修は、語学力の向上だけでなく、世界が直面する課題に向き合い、問題の背景や解決方法を探る想像力、実践力を養うことを目的としています。その他にも、カナダ、オーストラリア、フィリピンなどでの英語短期研修をはじめ、ワシントンの国際機関やNGOなどでの3か月間のインターンシップ、インドネシアの大学での英語のみの授業による短期研修、中国の大学での中国語研修など、さまざまな企画が用意されています。コロナ禍のため実際に渡航することが難しい状況ですが、海外とのオンライン交流や、オンライン留学などを積極的に行っています。

交換留学制度にも力を入れており、中国、ロシア、ハンガリー、インドネシアの大学と協定を締結しています。現在も、アメリカの大学とオーストリアの大学との交換留学制度を視野に入れた提携を模索するなど、さまざまな新しい取り組みを進めています。

また、国際教養学部は、毎年多くの留学生を受け入れており、多様性を重視した教育を展開しています。19カ国からの学生と教職員が集うキャンパスでは、さまざまな言語が飛び交い、さながらグローバルキャンパスです。留学生たちの学部への貢献度がきわめて高く、英語スピーチコンテストやビブリオバトル（書評合戦）などの学内イベントだけでなく、日本人学生と一緒に他大学との共同研究会に参加し発表するなど、活発に活動しています。

## 英語力だけなく、教養力を育てる科目群

毎年、開智学園の何人もの生徒が海外の高校や大学に留学します。生徒たちは、留学先の学校で大変優秀だと評価されていますが、それは英語ができるということではなく、理数的・社会科学的な教養が高く、しかも真面目に一所懸命に学んでいるからだと言われています。

国際社会で活躍するためには英語力は必須で、バックグラウンドとして、しっかりした教養を身につけていなければ相手にされません。開智国際大学の「国際教養学部」では、人間性や教養力を高

め、未来の仕事に直結するための学びを、3つの科目群制度で行っています。

経済学、経営学、情報など、人と組織、経営について学び、実務能力を修得するグローバルビジネス科目群。心理学やその演習・実習を通して、自己理解・他者理解を深める人間心理科目群。日本の文化と歴史、世界の国々の文化や人々について学び〝人間とは〟〝文化とは〟を考える多文化・国際社会科目群。これらの科目群を専門的に学び、本物のグローバル人材を育成することを目指しています。

## 学生主体の授業が盛りだくさん

開智国際大学は、この数年間で大きく変化しています。まず、大学での授業を講義形式から教員と学生の双方向型の『主体的、探究的で深い学び』に変えました。授業ではPIL型授業という講義の中に教員と学生の対話を取り入れ、また学生同士が協働型で「なぜ」を考え、仮説を立て、調査、実験、観察などを通して、論議し、発表する探究型授業を多く行っています。

また、年々優秀な生徒がかなり増えてきている状況のため、同じ科目の授業を学力別や学習歴別に分けるなどして、それぞれの生徒に合った講座内容で授業を行っています。

さらに留学生のレベルも上がり、欧米からの留学生も少しずつ増えています。そこで同じ内容を、英語で行う授業と、日本語で行う授業を創るなどして、多様化する学生に対応しています。

## 先生方との距離が非常に近い少人数教育

最後に、開智国際大学の特徴を北垣日出子学長に伺いました。

「一番の特徴は少人数教育です。多くの授業が20名程度ですので、先生は学生全員を熟知して授業をしていますから、学生も高い意識を持って集中して勉強しています。また、コロナ禍においても、少人数教育の利点を活かし対面授業を行ってきました。前期の緊急事態宣言時には、オンライン授業と対面授業を組み合わせたハイブリッド型授業を実施しました。その後は対面授業に移行し、徹底した感染症対策を行いながら、学生の学修機会を確保しています。友人たちや先生と直接会って授業を受け、対話を通して知識・経験を共有する教育が、学生にとって大きな成長につながると考えているからです。

一方、優秀な学生に入学してほしいという思いから、他大学よりはるかに充実した特待制度を備えています。2021年度の入学者中で4年間の授業料が国立大学より廉価になる特待生は30パーセントを超えています。2022年度入試でも特待生入試や大学入学共通テスト利用入試での特待生など、78名定員のうち30名前後の特待生が入学できるように計画しています。しかも、大学入学共通テスト利用入試の受験料は1000円と破格になっています」と話していただきました。

優れた教授陣が21世紀型教育を少人数指導する魅力いっぱいの開智国際大学の国際教養学部。まさにパワーと情熱あふれる今後が楽しみな学部です。

**開智国際大学　2022年度入試日程**

| 入試形式 | | 期 | 試験日 | 出願期間 | 合格発表 |
|---|---|---|---|---|---|
| 総合型選抜 | プレゼン入試 | Ⅲ | 12月19日（日） | 12月 1日（水）～12月10日（金） | 12月23日（木） |
| | 小論文入試 | Ⅱ | | | |
| | 第一志望特待入試 | — | | | |
| | 英語外部試験入試 | Ⅱ | 来校試験なし | | |
| 一般選抜 | 一般入試 | Ⅰ | 2月 5日（土） | 1月 7日（金）～1月27日（木） | 2月 7日（月） |
| | | Ⅱ | 2月18日（金） | 1月 7日（金）～2月14日（月） | 2月22日（火） |
| | | Ⅲ | 3月 4日（金） | 1月 7日（金）～2月25日（金） | 3月 5日（土） |
| | | Ⅳ | 3月11日（金） | 1月 7日（金）～3月 9日（水） | 3月12日（土） |
| | 特待入試 | Ⅰ | 2月 5日（土） | 1月 7日（金）～1月27日（木） | 2月 7日（月） |
| | | Ⅱ | 3月11日（金） | 1月 7日（金）～3月 9日（水） | 3月12日（土） |
| | 大学入学共通テスト利用入試・一般選考・特待選考 | Ⅰ | 大学独自試験はなし（大学入学共通テスト 1月15日（土）1月16日（日）） | 12月24日（金）～1月14日（金） | 2月 9日（水） |
| | | Ⅱ | | 12月24日（金）～2月16日（水） | 2月18日（金） |
| | | Ⅲ | | 12月24日（金）～3月11日（金） | 随時（最終3月15日） |

※入試詳細については募集要項を参照してください。

# 開智国際大学

〒277-0005 千葉県柏市柏1225-6

URL : https://www. kaichi. ac. jp

LINE　大学HP

**■最寄り駅**

JR常磐線・東武アーバンパークライン「柏」駅

**■併設校**

開智小学校、開智中学・高等学校、開智高等部

開智未来中学・高等学校、開智日本橋学園中学・高等学校、

開智望小学校・中等教育学校

現役東大生に聞きました　国立高編

# 母校の魅力
# 早稲アカ大学受験部の魅力

早稲田アカデミー大学受験部で学び、
東京大学へ進学した鈴木太陽さんに、卒業生だから知る国立高の魅力と、
高校受験・大学受験を振り返っていただきました。

**鈴木《すずき》 太陽《たいよう》さん**

東京大学 文科二類 1年
東京都立国立高等学校 卒業

## 志望理由は「野球」と「大学受験」

小学生のころから野球が大好きで、中学でも野球部に入部しました。そのすぐ後、中学1年生の5月に早稲田アカデミーに入塾。高校受験に向けても早めに準備を始めました。

プロにはなれなくても、将来野球に本気で取り組める環境に身を置きたい。そう考えたときに、「大学野球」を意識するようになったんです。国立高を第一志望に決めたのは、都立高として初めて甲子園に出場するほど野球に力を入れている学校だったことに加え、大学進学に向けてもしっかり取り組める環境があったからです。

野球部と塾の両立は大変で、親に送り迎えをしてもらったり、駅で野球の道具とお弁当を引き換えて塾に向かったり……。両親にも支えてもらいながらなんとかやり抜き、国立高合格を手にすることができました。

## クラスの絆が大学受験の支えにも

高校でも、もちろん野球部に入部。それと同時に、自分の目標を「六大学野球リーグ出場」と「東大進学」に再設定しました。六大学のなかで東大を選んだのは、スポー

ツ推薦がない東大なら、ぼくでも活躍のチャンスがある、と考えたからです。

国立高には、「自分のやりたいこと、今しかできないことに全力で取り組もう」という生徒がたくさんいます。部活に力を入れている生徒も多いし、3年生でも文化祭の準備にしっかり取り組みます。「勉強だけしていろ」なんて言う先生は1人もいません。その分、大学受験に関しては「追い上げ型」の人が多く、先生方もさまざまなかたちでサポートしてくれました。また、国立高では3年間クラス替えがないため、クラスメイトの間に強い絆が生まれます。大学受験の直前まで、クラスで勉強し合ったり、励まし合ったりしたことが、大きな支えになりました。

## 早稲田アカデミーなら成果が出ると信じていた

野球部の活動を全うしながら、大学受験でも合格をつかむことができたもう一つの理由──それが、高校受験から続けて早稲田アカデミーに通ったことだと思います。

高校入学前の3月から、早稲田アカデミー大学受験部の無料講座に参加。入学前に、大きなアドバンテージをつくることができました。また、大学受験部のハイスピードなカリキュラムで学習を進めたおかげで、高校3年生でなんとか演習の時間を確保することができ、入試本番に間に合ったと思います。校舎の先生がぼくの状況を理解してくれて、最後までずっと励まし、サポートしてくれたこともうれしかったです。優秀なライバルたちとの差を感じることもありましたが、「みんなで伸びていこう」という早稲田アカデミーならではの空気が支えになりました。

今は、念願かなって東大の野球部で活動しています。野球も東大への挑戦も、ぼくはやって良かったと思っています。やりたいことが二つあるなら、諦める前に「どちらもやり抜く方法」を考えた方がいい。早稲田アカデミー大学受験部は、きっと皆さんの力になってくれると思います。

**高校受験生へのメッセージ**

3年生は入試に向けて焦る気持ちが大きくなっていると思いますが、あまり夜遅くまで勉強するのは避けた方がいいと思います。まずは体調を第一に考えて、睡眠時間はしっかり確保し、入試本番で力を発揮できるよう朝型の生活に切り替えることをお勧めします。

# 大学生活を通して知った今後に活きる２つの極意

大学生活の半分もの間、担当させていただいたこのコラム。とうとう私が担当する最後の回がやってきました。最終回は大学入学当初から現在にいたるまで、大学生活を通じて自分なりに成長できたと思うことをお話しします。

まずは、「自分の強み・弱みを知った」ということです。大学では、新しいチャレンジをたくさんしました。体育会の部活動に入って毎日のように練習をしたこと。部の運営のために部員同士協力して仕事をしたこと。学科の課題として様々な設計や研究に取り組んだこと。海外でボランティアに挑戦したこと……。数えきれないほど多くのことに挑戦してきたと思います。

これらの活動のなかで、自分の強みが活きたと感じることもあれば、逆にどうしてもうまくできないと悩むことも多かったです。そうしたことを繰り返すうちに、だんだんと自分がどんなことが得意で、どんなことが苦手なのか、それぞれの共通点を発見していきました。

共通点がわかると、次の挑戦をするときに自分の力を一番発揮するためにはどうすればいいか工夫をして、取り組み方を変えたり、人の助けを借りたりすることができるようになったのです。

例えば私は部活動や学業を通じて、なにか1つのことについて長い間考え抜くというのがあまり得意ではないこと、一方で色々なことを並行して進めつつ、メリハリをもって取り組むのが好きだということがわかりました。そのため、進路を選択するときは、大学院に進んで研究に没頭するよりも、就職をして様々なプロジェクトにかかわれる仕事をしたいという考えにたどりつきました。

## 悩んだときは立ち止まってよく考えて

もう1つは、「なにを優先すべきかよく考えるようになった」ということです。先ほどお伝えしたように、たくさんの挑戦をすることは学びも多く、とてもいいことではありますが、すべてを完璧にするのは難しいです。

そこで大切なのが、自分がそのとき、なにを本当にやりたいのかをよく考えること。そうして1つひとつ自分で納得しながら選択をしていけば、それがあとで振り返ったときに後悔をしないことにつながります。

私自身、じつは途中で部活動を辞めたくなる瞬間がありました。辞めたうえで、なにか新しい活動を始めてみようと思ったんです。しかし一度立ち止まって、自分の立ち位置や将来のことなど、様々な観点から本当に辞めてしまっていいのかを考えて、最終的にいましかできない部活動を続ける選択をしました。大学生活を振り返ってみても、続ける選択をしてよかったと心から思っています。

ここまでご紹介してきた私の大

私の周りの東大生

# 中3のころに抱いた夢をかなえ 官僚として全国を舞台に活躍する

法学部4年生　Kくん

東大生の進路としてイメージされることの多い「官僚」とは、国家の中枢を担う中央省庁で働く国家公務員総合職の人々をさします。官僚になることを中3のころから夢見ていたKくんは、見事総合職試験に合格、卒業後は総務省に入省予定です。彼が官僚になりたいと思ったのは、中3のときに公民の教科書に載っていた霞が関の写真を見たことがきっかけです。「霞が関にある中央省庁で国の政策が作られているのか」と驚くと同時に憧れを持ったKくんは、東大法学部に入るのが官僚への一番の近道だと考え、東大をめざすようになりました。

高3まで徳島に住んでいたKくんは、周りに東大志望者があまりおらず、数少ない仲間と励ましあいながら受験勉強をしていたといいます。また、高校ではクイズ研究会に所属し、クイズの大会や科学の甲子園など、様々な分野の全国大会に出場した際、東大志望の仲間ができたことも心強かったそう。その話を聞き、東京出身で学校や塾などに東大をめざす仲間が多くいた私は、とても恵まれた環境で受験勉強をしていたのだと痛感しました。

Kくん出身の徳島が誇るシンボル・眉山

## 多くの学びを得た弓道部での4年間

さて、配属される総務省の地方自治分野は、おもに地方創生・東京一極集中の改善、災害対策などを扱います。徳島でもバスの減便や駅前繁華街の衰退が進んでいることから地方の課題を強く感じており、そのことが進路選択にも大きく影響したそう。入省後は霞が関での勤務と、全国様々な地域での行政運営サポートを半々に行うのだといいます。担当業務は数年ごとに変わるので、「これからどんな場所でなにができるのかとてもワクワクする。そしていつかは徳島で知事をするのが夢」だと語るKくん。総務省勤務で培った人脈を活かして、地方でNPOを立ち上げ、自ら地域を盛り上げる取り組みにも興味があるそうです。

そんなKくんは、大学では4年間弓道に打ち込みました。大切な仲間と出会えた、毎日規則正しい生活が送れた、「やりきった」と自信を持って言えるものができたなど、弓道部に入ったからこそ得られたものも多いと話します。部活動での経験を活かして全力で働きながら、全国で幅広い活躍をしているKくんの姿が目に浮かびました。

はろくま
東大理科一類から工学部都市工学科都市計画コースへ進学した東大女子。趣味はピアノ演奏とラジオの深夜放送を聴くこと。

学生活での「成長」はいかがでしたか？　みなさんもいまなにかに対して辛いな、大変だなという思いを抱えていたとしても、あとから考えると、そのことが自分をよりステップアップさせてくれるものになるかもしれません。未来の自分を想像しながら、日々一生懸命に、でも楽しみながら、毎日を過ごしてほしいです。

そしていつかふと、大学生になったときにでも、このコラムを思い出してもらえたらとても嬉しく思います。2年間、本当にありがとうございました！

# キャンパスデイズ 十人十色

## 明治大学

商学部　3年生

飯塚《いいづか》　桃子《ももこ》さん

**Q 明治大学商学部を選んだ理由を教えてください。**

高校生のとき参加したオープンキャンパスで、雰囲気がいいなと感じたことが明治大学をめざしたきっかけの1つです。キャンパスは明るく落ち着いた印象で、開放感があるところも魅力的だと思いました。

明治大学のなかでも商学部を選んだ理由は、一般教養から商学の専門的な内容まで、幅広く学べること。受験時に学部を選択するにあたって、まだ将来やりたいことがはっきり決まっていなかったので、色々な分野に触れられる商学部に決めました。

**Q 具体的に商学部ではどんなことを学んでいますか?**

商学部をはじめ法学部や政治経済学部などいくつかの学部は、1~2年生と3~4年生とで使用するキャンパスが異なります。1~2年生は杉並区にある和泉キャンパスで、一般教養や語学を中心に履修していきます。その後、3~4年生は千代田区にある駿河台キャンパスで、各々の専門分野について学んでいくという流れです。

さらに、商学部は3年生から7つのコースに分かれます。私が学んでいるのは「マーケティングコース」で、そのなかの「交通部門」に属しています。「交通部門」とは、交通や物流の視点から社会の働きや課題を考えていく部門です。

現在は、インターネット上で注文したら次の日には商品が届いたり、コンビニエンスストアに行けば様々なものがそろっていたりと、便利な世の中になっています。そうした環境を裏から支えているのが、物流や交通のシステムです。身近でありつつも普段は私たちの目には見えにくい部分なので、学ぶにつれて視野が広がる分野だと思っています。

## 社会に欠かせない交通・物流<br>実践的に学んで視野を広げる

## 人々の生活を支える「裏方」の魅力

**Q 印象に残っている講義はありますか?**

ゲストスピーカー講義という形で一般企業に勤める方のお話を聞けたことは、貴重な経験になりました。とくに、物流の分野で働いている方が講義をされたときのエピソードは印象に残っています。

物流業界では、課題として人手不足がよくあげられています。そう聞くと「宅配便を届ける業者が足りない」とイメージしがちですが、実際は建築資材や企業向けの物資を運ぶ長距離ドライバーの人手が足りていないのだそうです。「ものが運べない」ということは人々の生活に大きく影響を与えるはずなので、様々な視点から考えて、課題を解決していかなければならないと感じました。

**Q ゼミではどんなことに取り組んでいますか?**

2年生から始まるゼミでは、より実践的な学びや研究を進めています。例えば最近では、企業が提示した課題についてグループで解決策を考え、その企業の方に向けてプレゼンテーションを行いました。

私たちのグループは倉庫業(※)を担う企業から出された「倉庫業のイメージアップ」という課題に取り組み、YouTube広告の活用などを提案。長期間にわたって何度も話しあいを重ねたため大変でしたが、学ぶことも多かったと思います。

**Q 将来やりたいことについて教えてください。**

物流などのインフラ(生活するうえで不可欠な社会基盤)について学んだことで、私自身もいわゆる「裏方」の仕事がしたいと思うようになりました。普段目にする機会は少なくても、人々の生活を支える重要な役割がたくさんあると知ることができたので、そうした仕事に就きたいと考えています。

現在は、オンラインでインターン(就労体験)に参加するなど、少しずつ就職活動を始めているところです。インターンでは、その企業の雰囲気を実際に体感することができるので、いい機会だなと思って色々と参加しています。

**Q 読者のみなさんにメッセージをお願いします。**

中学生のみなさんには、「だれかに言われたから」ではなく、ぜひ自分のやりたいことや意思に沿って、自分の進路を選んでいってほしいなと思います。中学生の時点で将来について考えるのは難しいことかもしれませんが、まずは自分が興味を持っているのはどんなことか、探してみてください。

※依頼された物品の管理や保管を行う業種

### TOPICS

**高校受験・大学受験
それぞれの勉強の秘訣は?**

中学生のころは、学校から出された課題にしっかりと取り組むようにしていました。毎日ノートに自習して提出する課題があり、それも3年間毎日欠かさずこなしました。テスト2週間前からは、配付される計画表を用いて勉強を進めるなど、学校の課題をうまく活用して学習できていたと思います。

一方、大学受験で力になったのは、科目ごとに作成した復習ノート。私は国語と英語と世界史の3科目で受験する予定だったので、それぞれ模試で間違った問題や、その関連事項をまとめていました。受験勉強に役立ったのはもちろんのこと、お守り代わりに入試会場へ持って行くと自信にもつながるのでおすすめです。

高校時代に所属していたハンドボール部の写真。いまでも定期的に集まる大切な友人なのだそう

成人式はコロナ禍の影響で式典が中止に。「それでも振袖を着て地元の友人と会えたのは嬉しかったです」(飯塚さん)

ゼミの活動で企業を訪れてプレゼンする飯塚さん。学外での発表は緊張したそうですが、得るものも多かったといいます

何かをしたい、をカタチにしたい。

# 中央大学杉並高等学校

〈共学校〉

●Address
東京都杉並区今川2-7-1
●TEL
03-3390-3175
●Access
JR中央線・東京メトロ丸ノ内線「荻窪駅」西武バス8分、西武新宿線「上井草駅」徒歩12分

2023年、都心に法学部が移転することでさらなる注目を集めている中央大学。その附属校の1つに中央大学杉並高等学校（以下、中杉）があります。

すべての生徒が高校から入学し、例年9割以上の生徒が中央大学へと進学する中杉ですが、その高校・大学7年間の伸びやかな環境のなかで、様々な教育実践が行われています。

## 模擬裁判選手権

そのうちの1つが模擬裁判選手権です。模擬裁判選手権は日本弁護士連合会が主催する、いわば「法廷甲子園」とでも呼ぶべき大会で、実際の裁判さながらに、各高校が弁護側、検察側に分かれ熱戦を戦わせていきます。

中杉は2017年から4年連続東京都代表となり（2020年はオンライン開催）、毎年、優勝あるいは準優勝に輝く強豪校として知られています。その強さの秘密について、中杉チームを指導する小泉尚子教諭は次のように述べています。

「本校は、他者と共に育ち共に創るという『共育と共創』を教育理念として掲げており、その理念通り、普段の授業でも様々な意見を戦わせるグループワークが盛んに行われています。他校の先生から、中杉は多様な視点から論理を構築しているので非常に攻めづらいと言われるのですが、それは普段の授業がそのまま生きているのだと思います」

右下のQRコードから模擬裁判選手権の動画を見ることができます。

「法科の中央」といわれる中央大学の伝統が、中杉の「共育と共創」という実践の中でいきいきと息づいている様子を感じることができるでしょう。

## CHUROS

中央大学には、グローバルな情報環境を法学によってデザインしていく日本初の「国際情報学部」があります。そこで必要となってくるのが、英語で物事を考えていく力です。中杉ではこのような時代の要請にこたえるべくCHUROSという独自の英語教育プログラムを立ち上げました。

CHUROSはChusugi Round Systemの略で、その一番の特徴は、一度学んだ教材について、発表活動などのアウトプットを、時期をずらしながら繰り返し行うところにあります。これによって英語の定着度や発信力を伸ばしていくのです。

例を挙げると、"empathy"（共感）に関する英文をまず教科書で学び、その数か月後、この英文に関する面接テストを二人一組で行います。一方が悩みを話し、もう1人がそれに対し即興で「共感」を示します。もちろんすべて英語です。数か月前に学んだことを、アプローチを変えながらアウトプットしていくことで、いつの間にか実践的な英語力が身についていくというわけです。大学受験にとらわれない、高大一貫教育校らしい取り組みです。

数ある大学附属校の中でもとりわけ人気の高い中杉ですが、このような魅力的な取り組みに人気の秘密がありそうです。

グローバル教育出版の本

好評発売中

# なぜかがわかる分数と濃度の話＋《プラス》

**湘南工科大学特任教授　湯浅弘一 著**

定 価 1,430円(税込)
四六判　並製 176ページ

## 困ってませんか？

中学で、算数が「数学」に変わったら、「なんか難しい」、「あれっ、わかんないや」っていう人いませんか。**じつは、小学生のあのとき、わかったつもりで次に進んだことに原因があるんです。**

とくに「分数」と「濃度」のところ、そのほかの単元でも「ちょっと不安だけど、まっいいか」って自分に言い聞かせて、きょうまで来ていませんか。

このままだと、君は「落ちこぼれ」になりかねない。ほんとは「置いてきぼり」にされてるだけなんだけどね。いまのうちに、苦手になってしまったあの部分、小学校のあの日を思い出して得意な部分にしてしまおう。

## 「数学？ 全然わからない」なんて言ってる、アナタへ

**【著者まえがきより〜一部改】**《わかると楽しいですよね？　でも、わかりにくいことってありますよね。だけどこの本はきっとわかります。なぜって？　**私が昔、数学が苦手だったからです。〝落ちこぼれ〟ってよく言われますけど、本当は〝置いてきぼり〟なだけなんです。**

どんな方でも〝振り返り〟は大事です。ここまで読んだアナタ！、振り返りの始まりです。さあ、始めましょう》

この本は２色印刷を採用、ふんだんに解説図を使用することで、視覚からもインプット、君の心にストンと落ちる工夫がなされています。

数学は、１つのことがわかると芋づる式につぎつぎとわかっていく楽しい学問です。

そしてそのとき、とてもスッキリとした爽快感を味わうことができます。そうなってしまえば、数学は受験生の友だちになり、志望校合格への大きな味方になってくれます。


**株式会社 グローバル教育出版**　〒101-0047 東京都千代田区内神田 2-5-2 信交会ビル３階
電話 03-3253-5944　FAX 03-3253-5945　WEB https://www.g-ap.com/

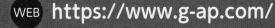

ちょっと得する

# 読むサプリメント

ここからは、勉強に疲れた脳に、ちょっとひと休みしてもらうサプリメントのページです。
ですから、勉強の合間にリラックスして読んでほしい。
このページの内容が頭の片隅に残っていれば、もしかすると時事問題や、
数学・理科の考え方で、ヒントになるかもしれません。

耳より ツブより 情報とどきたて

# 新500円玉 流通開始！

11月1日から流通している新500円貨（撮影・本誌）

2021年11月から、新しい500円の硬貨が流通しているのを知っていますか？　まだ発行され始めてから日が浅いので、実際に手にした方は少ないかもしれませんね。デザイン（見た目）の大きな変更はありませんが、どういったところが変わったのでしょうか。

## 見た目はほとんど同じでも技術は高度に

まず、今回500円玉が刷新された大きな理由は「偽造防止」だと財務省は発表しています。新しい500円貨に導入された技術はおもに3つ。

1つ目は「バイカラー・クラッド」と呼ばれる技術で、2種類の金属板をサンドイッチのように挟む「クラッド技術」と、金属でできたリングのなかに異なる金属をはめあわせる「バイカラー技術」を組みあわせたものです。直接手に取ってみると、硬貨の真ん中部分は色が違っているのが目視できます。

2つ目は硬貨の側面に施された「異形斜めギザ」です。以前から500円貨の側面にはギザギザの模様が彫られていましたが、新しくなった硬貨はギザギザの形状が数カ所だけ変えられています。大量に生産される通常硬貨でこの技術が導入されるのは世界で初めてなのだとか。

そして3つ目は硬貨のフチに書かれた「微細文字」。硬貨表面の上下2カ所に「JAPAN」、左右2カ所に「500YEN」と施されています。

このほかにも様々な技術が活用されており、例えば500円のゼロのなかに文字が浮かび上がる「潜像」は旧500円貨から引き続き施されています。これまでは硬貨を下からのぞき込むと「500円」の文字を読み取ることができましたが、それが「500YEN」になり、上からのぞくと「JAPAN」が現れる仕様にパワーアップ。いたるところに最新の技術が使われている新500円貨は2021年度中に2億枚発行される予定で、私たちが手にする機会もこれから徐々に増えていくことが予想されます。



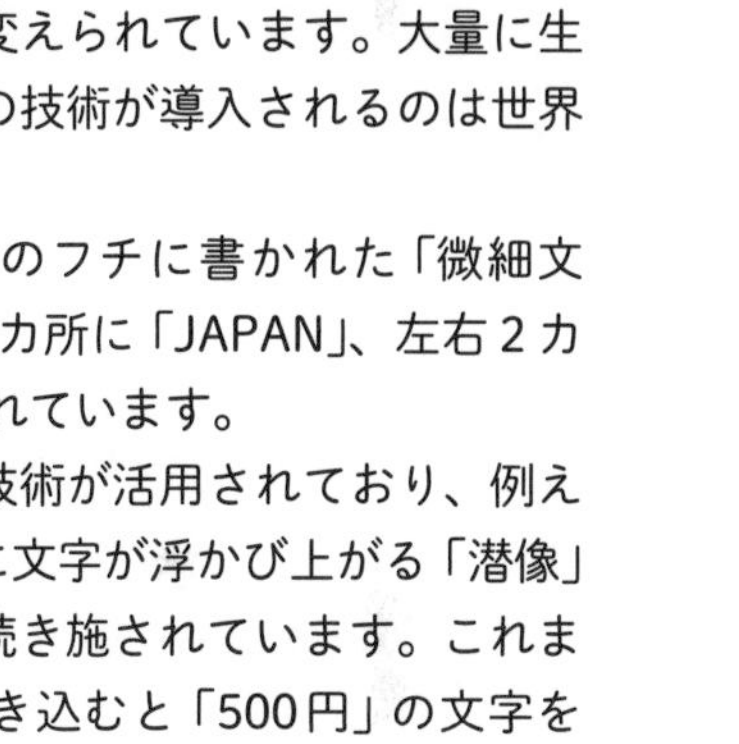

The most
Advanced
Sciences
Navigation
021

マナビー先生の

# 最先端科学ナビ

FILE No.021

# 二酸化炭素吸収セメント

## 悪者だったセメントが温室効果ガス削減の救世主

２０５０年までに温室効果ガスの排出を全体としてゼロにする「カーボンニュートラル」という挑戦が始まっている。これは社会の色々なところで排出され続けている二酸化炭素の排出を見直し、新しい経済、社会を作ろうとする、日本の新しい成長戦略だ。

この取り組みの1つに「建築」がある。建築が二酸化炭素と関係しているなんて、ちょっと想像しにくいけれど、建物を造っていく過程で、二酸化炭素はかなり排出されるものなんだ。

もちろん建設機材を動かすときに使う燃料などからも二酸化炭素は多く排出されているけれど、じつは建築に欠かすことができないセメントが、一番のクセ者なんだ。

セメントが、なにから作られているか知っているかな。セメントは石灰石に「焼成《しょうせい》」という作業で１４００度の熱を加えて作っている。その過程で最も多くの二酸化炭素が排出されているんだね。

鹿島建設の資料によると、コンクリート１㎥メートルを作るためのセメント焼成の際に排出される二酸化炭素は２８８kgになるそうだ。歩道と道路の境界に使われているブロックがほぼ１㎥の大きさだから、あれを作るのに３００kg近くも二酸化炭素が出されるってイメージしてみて。すごい量だと思わないかい。

そのため、いまセメントの利用をできるだけ少なくすることが求められている。構造物を作るときには砂や砂利にセメントと水を混ぜて形を作り、固めている。じゃあセメントを少なくすればいい、とも考えられるけれど、それでは固まらず構造物を作ることができない。

いまセメントの使用量を減らすため代替物の研究などが行われている。今回紹介するのは二酸化炭素を吸い込んでしまうコンクリートの研究だ。

鹿島建設や電気化学工業が中心になって研究しているセメント、「シーオーツースイコム」（以下スイコム）はコンクリートが固まる過程で二酸化炭素を吸い込み、コンクリートのなかにため込んでしまう技術だ。

硬いコンクリートにどうやって二酸化炭素を吸収させるのだろうか。

まず、スイコムはセメントの半分以上を特殊な混和剤や産業副産物に置き換えることに成功した。セメントの利用を減らすことができ、これだけでも二酸化炭素削減が進んだ。

さらにスイコムは二酸化炭素を吸収することにも成功した。コンクリートが固まるまでを養生期間というのだけれど、その期間に固まるコンクリートのなかに「養生層」を作り、そこに高濃度の二酸化炭素を吸収し

**マナビー先生**

大学を卒業後、海外で研究者として働いていたが、和食が恋しくなり帰国。しかし科学に関する本を読んでいると食事をすることすら忘れてしまうという、自他ともに認める"科学オタク"。

て閉じ込めてしまうことができるんだ。どうやってやるかというと、二酸化炭素と反応して固まる性質の特殊な混和剤で、大量の二酸化炭素を吸収し固定させてしまうのだ。

これで、セメントの使用量の低減で減らせる二酸化炭素量と、スイコムで吸収する二酸化炭素量を合わせたトータルで排出量をゼロ以下にすることができるようになったという。

## 建築資材としての研究が進み実用化の段階に

スイコムを利用して作った歩道と道路の境界部分に使われているコンクリートブロック1個で、杉の木1本が1年間に吸収する程度の二酸化炭素を削減できるというよ。

もちろん一般的なコンクリートと比べても同等以上の強度を持つ。

別の利点もある。もともと、この研究はコンクリートの耐久性能を上げようとして始まったものなので、万年単位でも劣化しない特徴を持っているんだ。だから放射性廃棄物処分に用いる建材としても使えることになった。

ひさしの部分にスイコムが使われて完成したマンション（東京都中野区／撮影・本誌）

近年の環境性能への意識の高まりから、二酸化炭素吸収の性質を強く打ち出しているけれど、硬化する過程での乾燥収縮を大幅に減らすことにもつながった。

このため寸法の安定性や表面の美しいコンクリート部材を作ることができるようにもなったんだ。二酸化炭素を吸収するだけでなく、できあがったコンクリートは一般のコンクリートが強いアルカリ性を示すのに対して、中性に近いのでコンクリートを廃棄したときにも環境に優しいという性質も持つことになったんだからすごいね。

現在はスイコムを使った部材を道路に敷き詰めてみたり、建物の天井やひさしの建材として利用する実証実験が進んでいる。

用途の多い一般の建築でもスイコム利用の研究が進み、実用化されてスイコム利用のマンションなどもできあがっている【写真】。

# Why? What! なぜなにに科学実験室

「これって、どんな仕組みなんだろう？」。不思議なものや現象を見たとき、その原因や仕組みを考えようとする姿勢が、身近に転がっている「科学の種」を見逃さない秘訣です。

不思議なことってたくさんあります。例えば家庭にあるテレビのリモコン。ボタンを押せば離れたところにあるテレビのスイッチが入り、音量やチャンネルも切り替えることができますね。

でも、あれって、なんであんなことができるんでしょう。不思議に思ったことはありませんか。

じつは、リモコンは人間の眼には見えない光の波、赤外線をテレビに送る発信器だったのです。

今回は、その赤外線をスマートフォンで見ることができるようにしてしまおう、という実験です。

## 赤外線を見てみよう！

みなさん、こんにちワン。この「なぜなに科学実験室」の案内役、ワンコ先生です。

今回の実験は、ほんとうは人間の眼では見えないはずの赤外線を見てみよう、という実験です。

使う秘密兵器はスマートフォン。それでは、下に示す「用意するもの」を、さっそく探しにいってみよう。

ワンコ先生

## 1 用意するもの

❶テレビ用リモコン
❷照明用リモコン
❸スマートフォン

※リモコンとはリモートコントローラーの略語で遠隔操作機器のことです。写真のほか、エアコンや扇風機のリモコンなどを家庭内で見つけてみましょう。

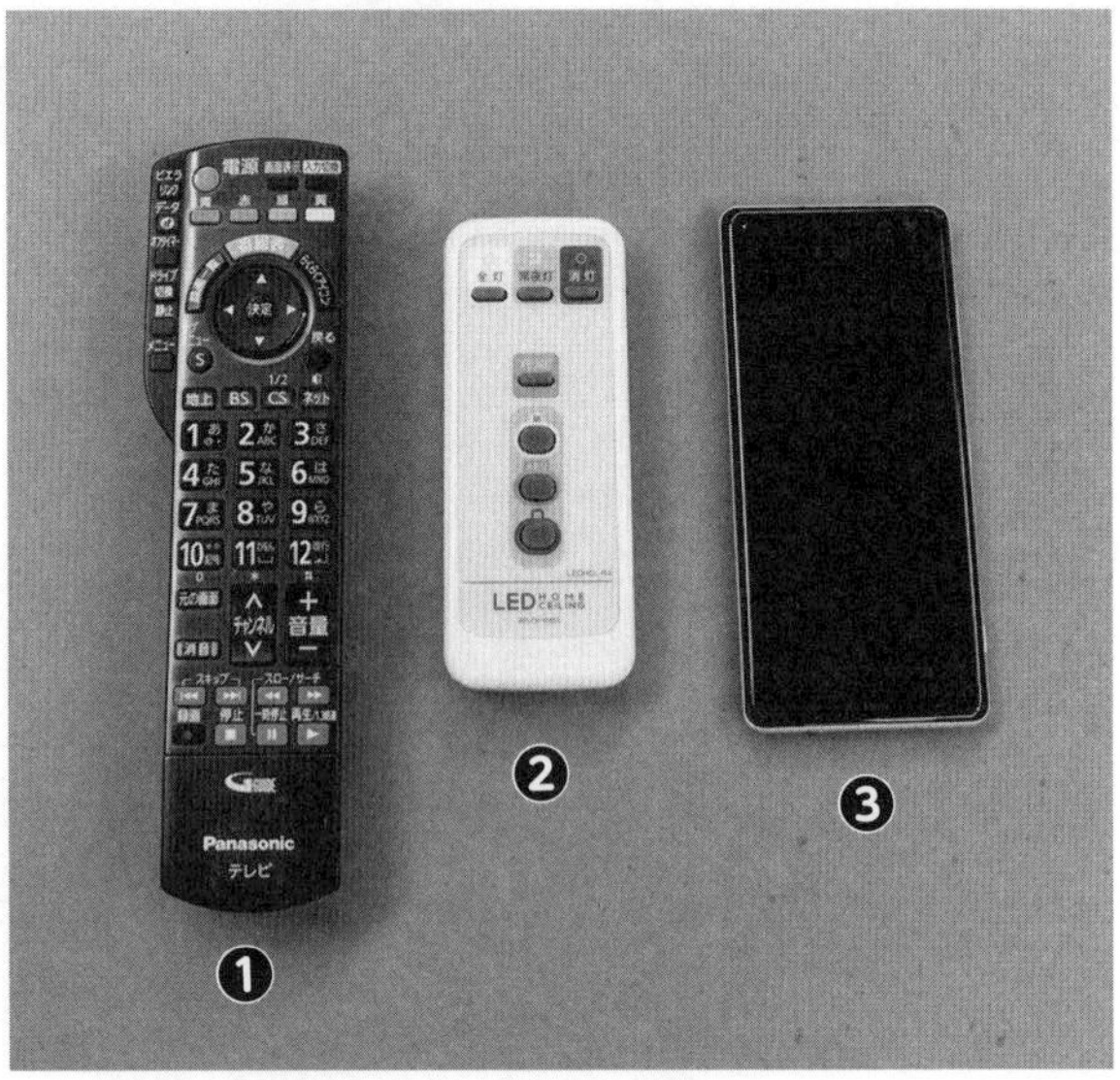

## 2 フロントカメラに切り換え

用意したスマートフォンのカメラ機能を、フロントカメラで撮影できるように切り換えます。いわゆる「自撮り」用カメラです。

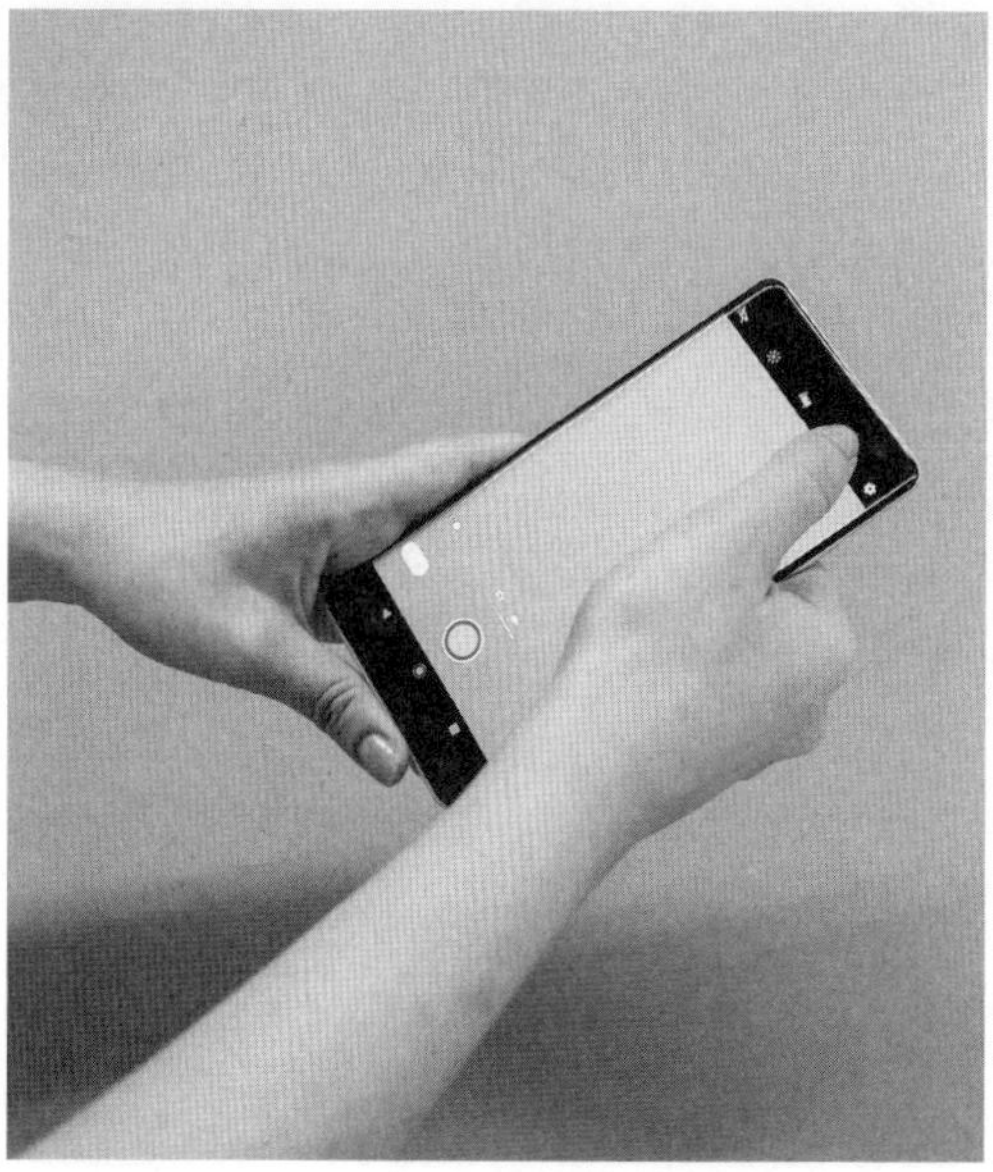

## 3 リモコンをカメラに向ける

写真のように、テーブルの上にスマートフォンを置き、フロントカメラのレンズにテレビ用リモコンの赤外線照射口を向けます。

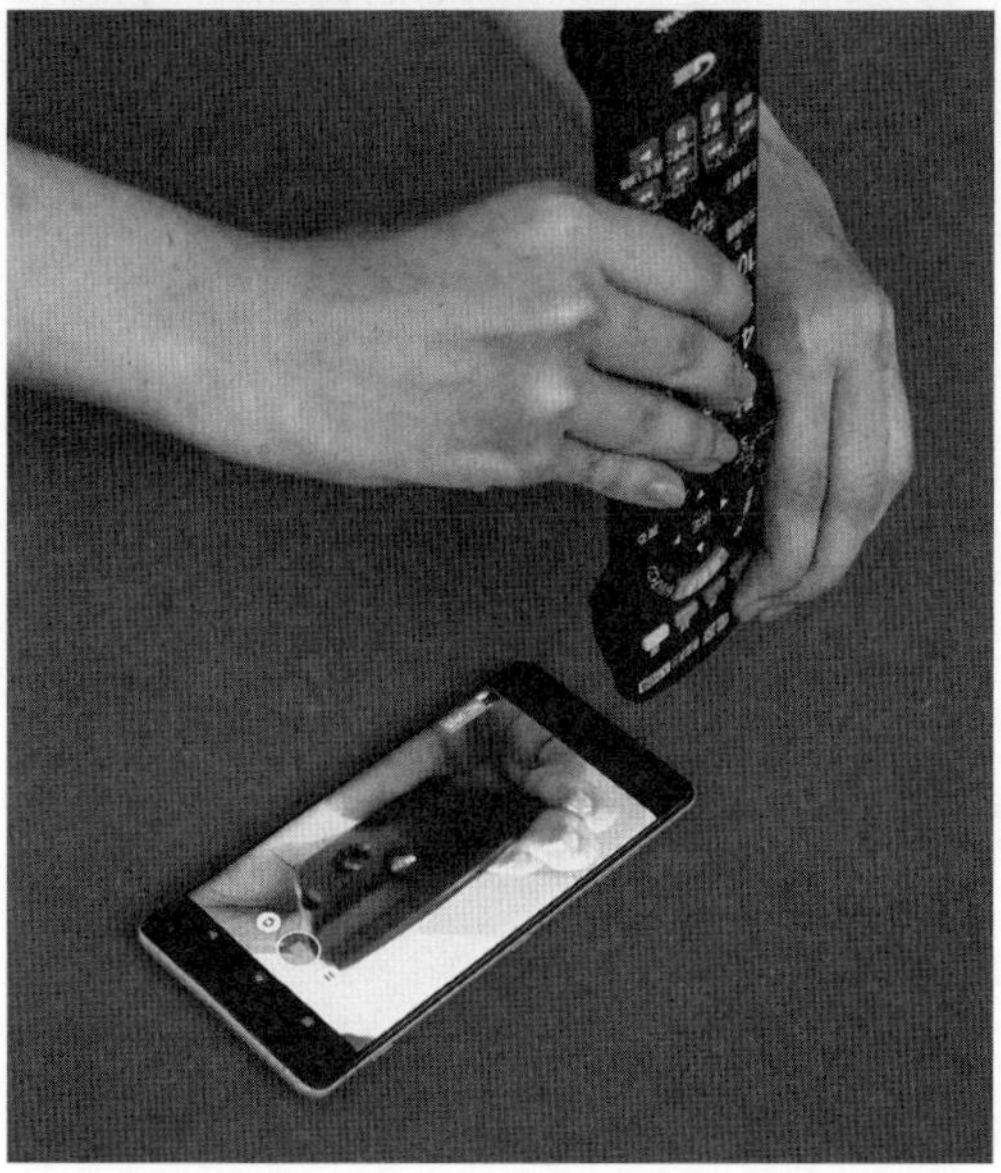

## 4 リモコンでスイッチオン

リモコンで、テレビのスイッチを入れるボタンを押します。すると、カメラでは、発信された赤外線がチカチカと光るのが見えます。

## 5 スマートフォンに写るのは

写真はスマートフォンに写った実際の映像からのものです。赤外線が継続的に発信されている様子がわかります。

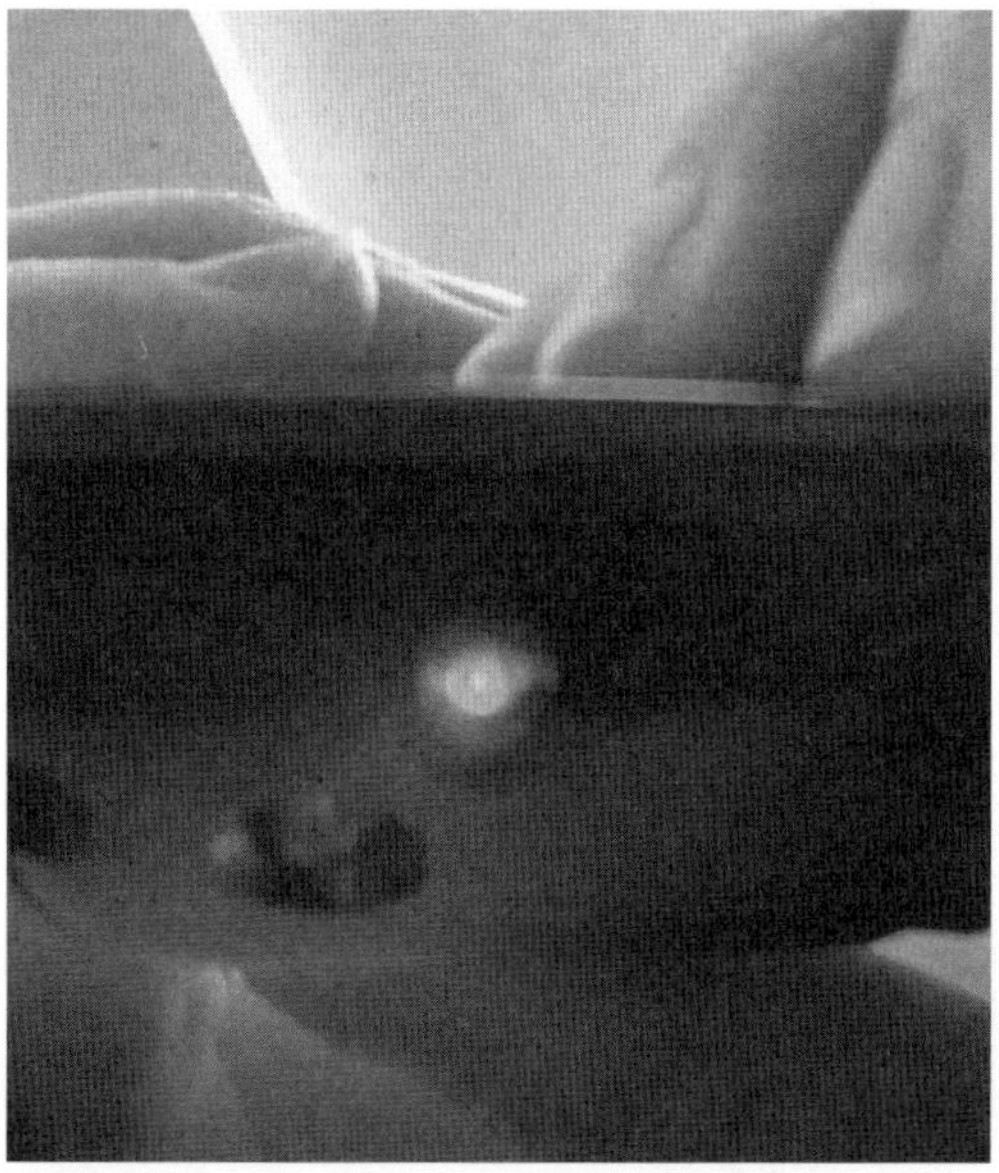

## ⑥ 照明用のリモコンでは

今度は照明用リモコンでも赤外線が見えるかどうかやってみました。スマートフォンのフロントカメラのレンズにリモコンを向けます。

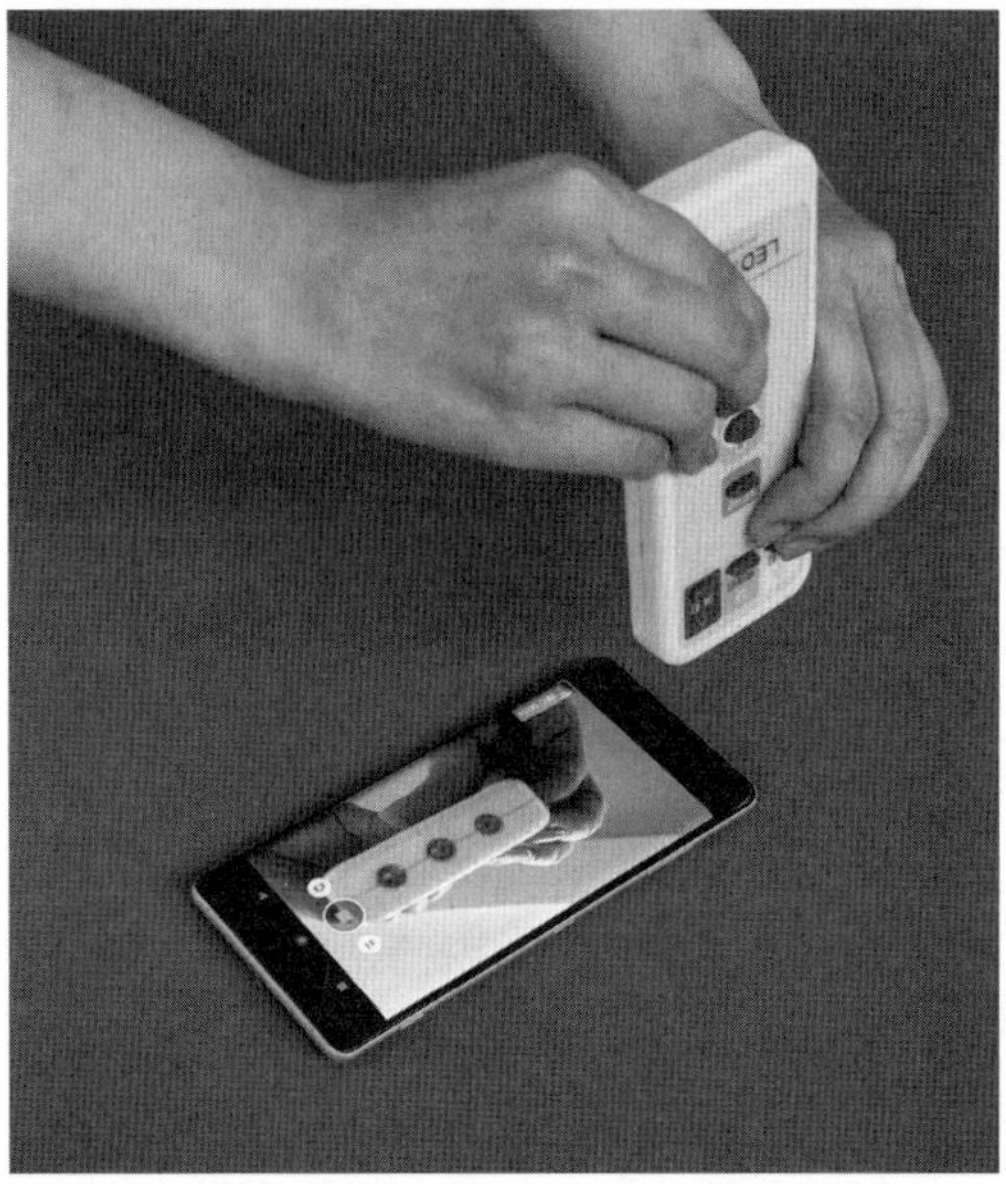

## ⑦ 照明用でも光が見えた

照明用リモコンの「点灯」スイッチを押してみました。照明用リモコンでも光ります。３つの照射口があって、同時に光るのがわかりました。

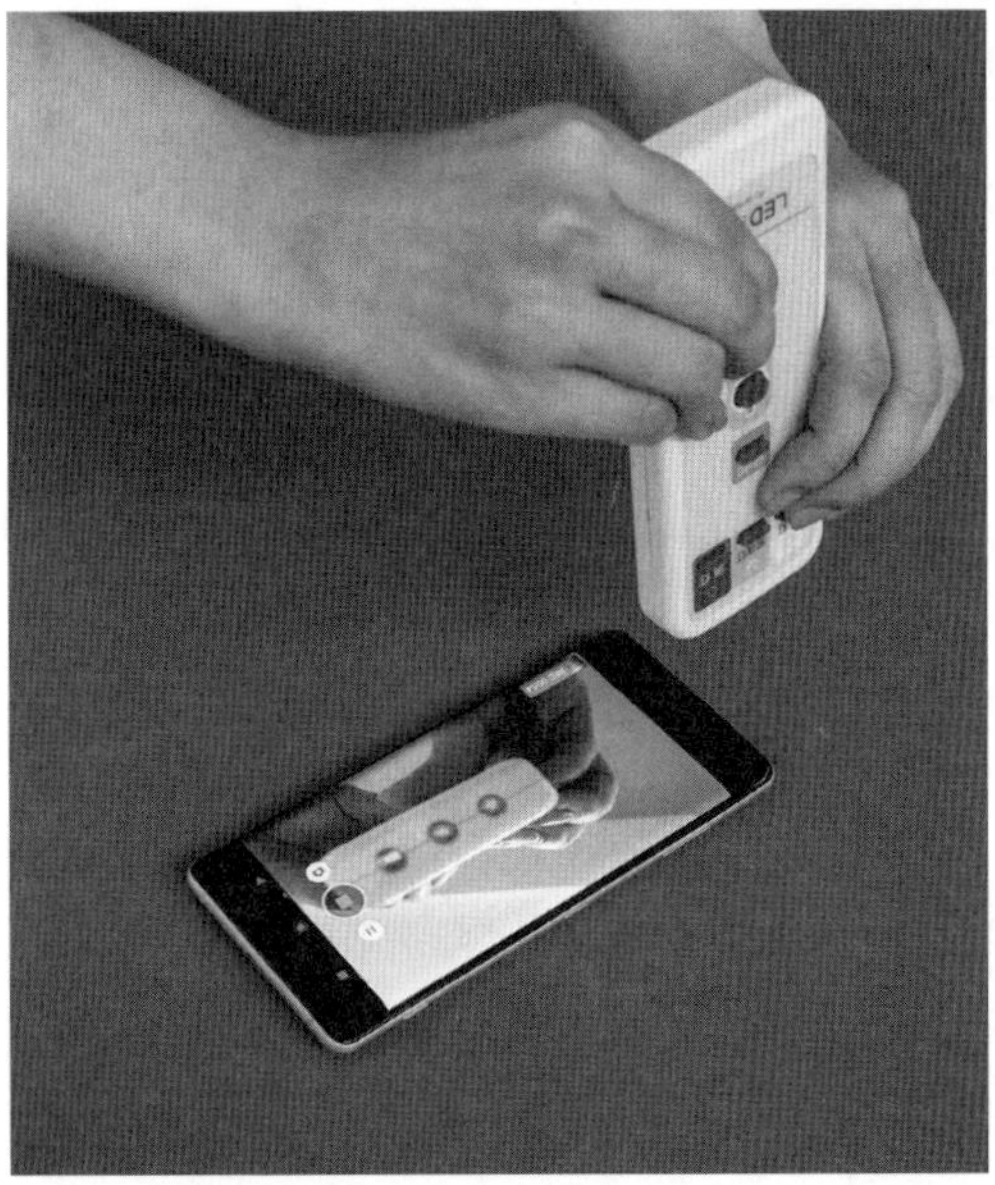

## ⑧ カメラの側から見ると

スマートフォンに写った実際の映像からのものです。リモコンのスイッチを入れると、３つの照射口がパッと光ります。

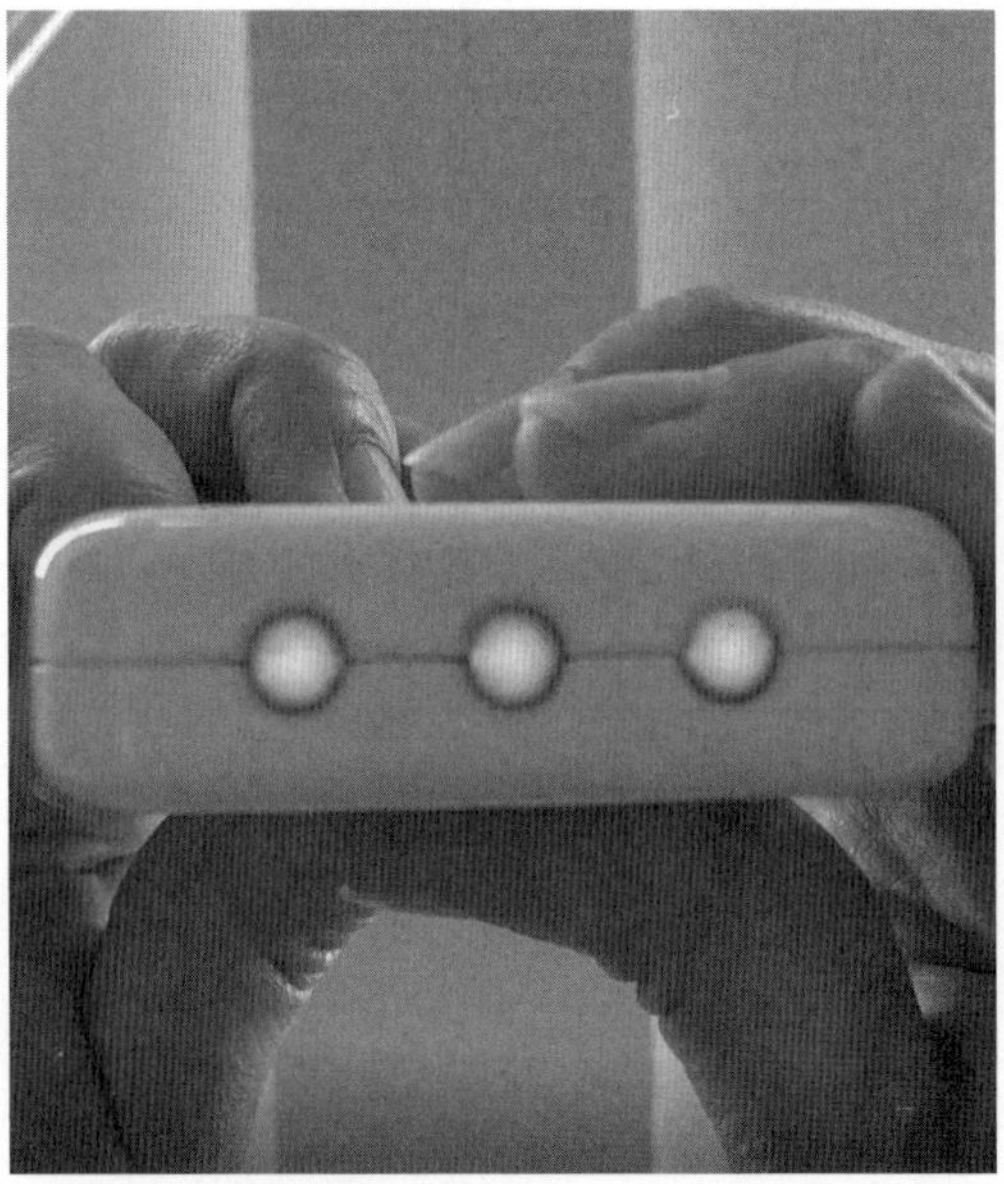

## ⑨ デジタルカメラでは？

デジタルカメラでもやってみましたが、こちらはリモコンが光ることはありませんでした。

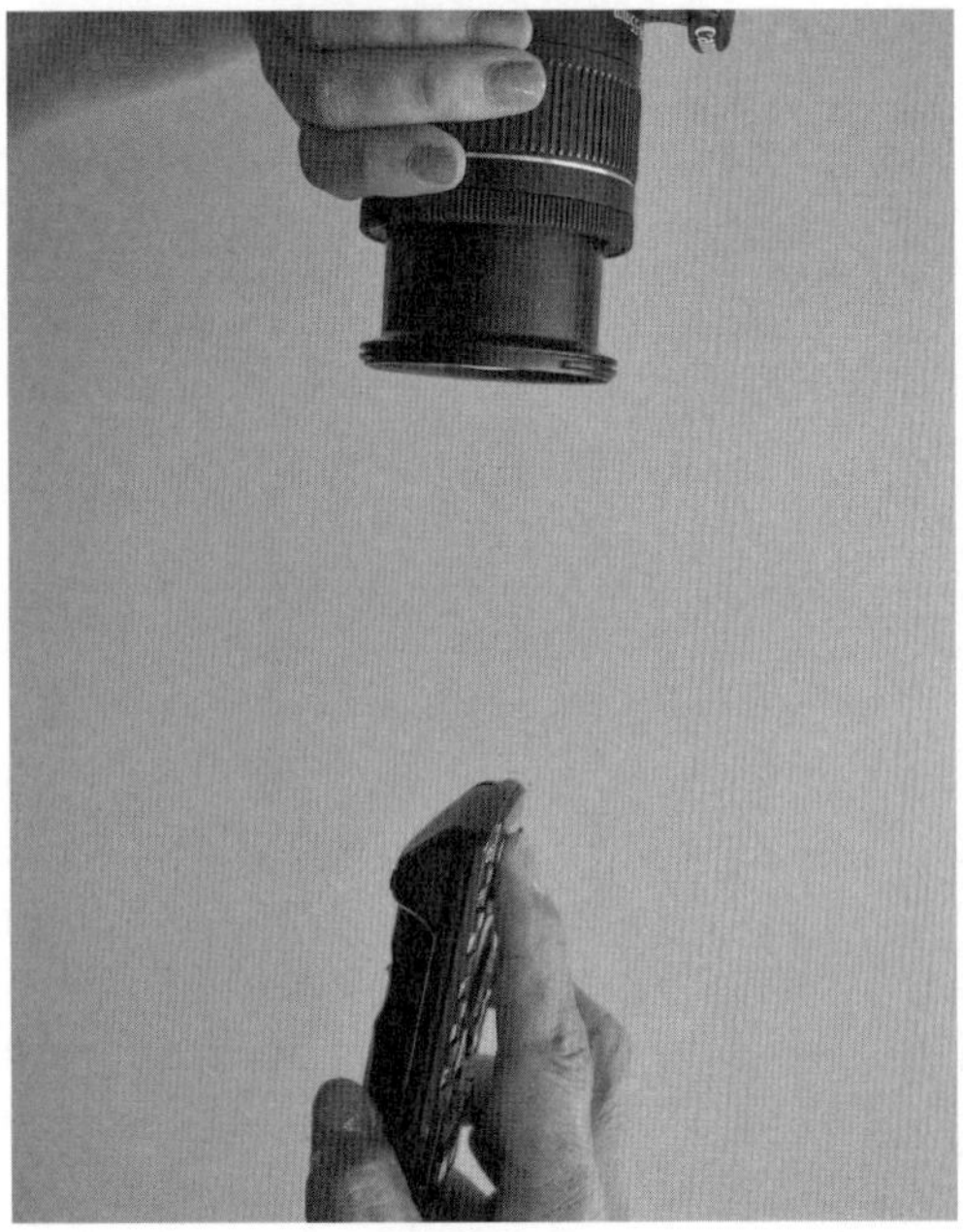

# 解説 活躍している「人間の眼には見えない光の波」

## 赤外線ってなんだろう？

私たちがものを見ているとき、物体から出る電磁波という光の波が眼に入ってきています。

この電磁波のなかで、波の長さが380～750nm（ナノメートル）の電磁波を眼がキャッチしているのです。n（ナノ）は100万分の１ミリメートルを表します。

電磁波のなかでは波長が最も長いものが赤、波長が短くなるごとに橙・黄・緑・青・藍、波長が最も短いものを紫と、脳が感じ取ります。

この人間がとらえることができる電磁波の領域を、可視光線といいます。もちろん可視光線以外の電磁波もあります。例えば、赤よりも波長が長い領域には赤外線（赤の外の線）、紫よりも波長が短い領域にあるのが紫外線（紫の外の線）です。

赤外線や紫外線は、人間は見ることができませんが、ほかの生物にはとらえることができるものもいます。例えばモンシロチョウの眼は紫外線を見ることができるようです。

## 赤外線を見てみよう！

赤外線のなかには赤よりも少し波長が長い、可視光線と同じような性質を持った近赤外線というものがあります。

テレビのリモコンのボタンを押すと、この近赤外線が先端の照射口から出ています。赤外線が「人間の眼には見えない」ということを逆手に取って、テレビなどのリモコンの送信部には、近赤近外線が利用されています。

可視光線での通信も可能でしょうが、テレビを見ているとき、リモコンの送信部がチカチカ光ると逆に邪魔に感じてしまうでしょう。

スマートフォンのカメラについているイメージセンサーは近赤外線もとらえることができます。

ただし可視光線だけではなく赤外線もとらえてしまうと、撮った写真が人間の眼で見ているものとは違った写り方・色合いになってしまいますね。そのため、おもに見栄えのする写真を撮るためのスマートフォンの裏側についている背面カメラ（写真・動画の撮影や、ＱＲコードの読み取りなどに使うカメラ、アウトカメラやメインカメラともいう）には、赤外線カットフィルターがついています。このフィルターを通すことにより、赤よりも波長の長い電磁波を取り除いて、可視光線の領域の電磁波をイメージセンサーにあて、人間の眼で見たままの写り方・色合いの写真になるように改良しているからです。赤外線カットフィルターは、近年ほとんどのデジタルカメラにもついています。

ですから右ページの写真⑨で扱った、デジタルカメラでは赤外線を見ることはできなかったわけです。

## でもフロントカメラならOK

スマートフォンには、カメラがもう１つ、画面の上についています。みなさんが自撮りで使うカメラで、フロントカメラといい、インカメラやサブカメラともいいます。

このフロントカメラでリモコンの送信部を映しながら、リモコンのボタンを押すと、送信部がチカチカと光っている様子が見えます。これが赤外線です！

リモコンのほかにも色々な家電を、カメラ越しに見てみましょう。

便器の予備洗浄、蛇口（自動水栓）、自動点灯の防犯灯や防犯カメラなどの人感センサーがあげられますが、思わぬものから赤外線が出ているかもしれません。

でも、なぜフロントカメラだけは赤外線が見えるのでしょうか。フロントカメラは見栄えのいい写真を撮ることが目的のカメラではありません（写真⑤と⑧）。テレビ電話などで、自分の顔を写す用途が主です。そのためフロントカメラには赤外線が多少入ってしまったとしてもOKなのです。フィルターをつけると、その分、本体に厚みも出て重くなってしまいます。

実際に２つのカメラで写り方にどんな差があるのか、色々なものを撮って比べてみてください。

なお、スマートフォンに近年ついている顔認証技術は、赤外線が主役になっている技術です。例えばスマートフォンから数万個の赤外線の点を出して、顔に映った赤外線のパターンから、本人かどうかの判別を行っています。このほかにも赤外線は様々なものに活用されています。調べてみましょう。

（サイエンストレーナー　桑子 研）

**動画はこちら▶**

赤外線をスマートフォンで見る実験は、こちらの動画でご覧ください。

そうだったのか!

# 中学生のための経済学

山本謙三
オフィス金融経済イニシアティブ代表、東京大学教養学部卒、前ＮＴＴデータ経営研究所取締役会長、元日本銀行理事。

「経済学」って聞くとみんなは、なにか堅〜いお話が始まるように感じるかもしれないけれど、現代社会の仕組みを知るには、「経済」を見る目を持っておくことは欠かせない素養です。そこで、経済コラムニストの山本謙三さんに身近な「経済学」について、わかりやすくお話しいただくことにしました。今回は２つの経済の仕組みについてのお話です。

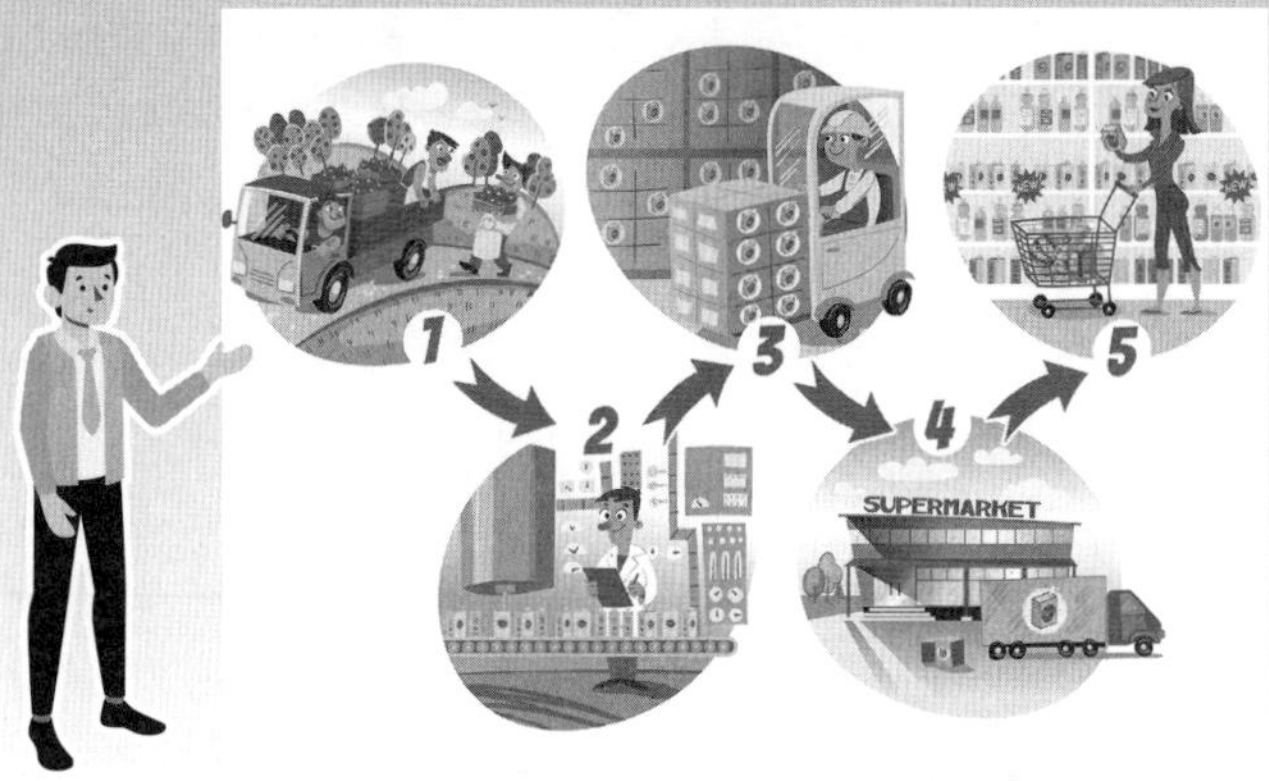


©kharlamova_lv/PIXTA

## 市場経済と計画経済

第2次世界大戦後の経済論争の1つに、経済の仕組みとして「市場経済と計画経済のどちらが優れているか」がありました。日本や欧米諸国などの資本主義国が経済の基盤とする「市場経済」と、ソビエト社会主義共和国連邦（ソ連）や東欧諸国などの社会主義国が基盤とする「計画経済」のどちらが国民生活を豊かにできるか、という論争でした。

最終的には1990年代初めにソ連が崩壊・分裂し、東欧諸国の社会主義政権も次々に倒れた結果、計画経済は世界からほぼ姿を消しました。中国も、政治面では共産主義体制を維持する一方、経済面では市場経済中心の運営が行われています。計画経済はなぜうまくいかなかったか……これは、市場経済の特質を理解するうえでも重要な問いかけです。

### 姿を消した3つの理由

社会主義は、労働者を中心に平等な社会作りをめざす政治思想で、これを体現したのが社会主義国でした。生産の基礎となる設備や土地は国が所有し、毎年の生産計画や生産物の配分も国が決める原則でした。

うまくいかなかった第1の理由は、人々が必要とするモノの量を、国が正確に予測できなかったことです。不適切な生産計画のために、必要なモノは十分に生産されず、逆に不必要なモノが街にあふれました。一方、市場経済では、人々がより多く必要とするモノは値段が上がり、これをみて企業が生産を増やしたり、一部の人が買うのを諦めたりして、短時間のうちに需要と供給が調整されます。計画経済はこうした調整メカニズムを内部に持たないために、需給のアンバランスが長引くことになりました。

第2に、計画経済では、労働者平等の原則のために、仕事でいい成果を出してもすぐには給料に反映されません。このため、人々は次第に「手を抜く」ようになり、生産の量や品質を維持できなくなりました。実際、計画経済を基盤とする国の実質経済成長率は、市場経済の国に比べ低くとどまりました。

第3に、計画を立てる人の権限が強くなりすぎ、汚職が横行しました。計画立案者に賄《わい》賂《ろ》を渡し、自企業への生産割当を増やしてもらおうといった行為です。

これらの積み重ねの結果、貧困と汚職に怒った国民が社会主義政権を倒すにいたったのです。いまでは、人々が必要とするモノを効率的に生産するには、「賢い計画立案者」よりも、需要と供給を調整する価格メカニズムが必要との考え方が支配的になっています。

ただし、市場経済は、社会主義のめざした「平等の実現」を保証するものではありません。このため、現在ではどの国も医療や介護、生活保護など社会保障の充実に努めています。計画経済は事実上姿を消しましたが、各国とも市場経済だけに頼っているわけではなく、政府に一定の役割を担わせて国民生活の向上をめざしています。

# PICK UP NEWS
ピックアップニュース！

駐米スウェーデン大使（右）からノーベル賞の賞状を授与された真鍋淑郎さん（2021年12月6日・アメリカ・ワシントン）写真：AFP＝時事

今回のテーマ

## 真鍋淑郎氏にノーベル賞

スウェーデン王立科学アカデミーは2021年のノーベル物理学賞を真《ま》鍋《なべ》淑郎《しゅくろう》プリンストン大学（アメリカ）上席気象研究員（アメリカ国籍）とマックスプランク気象学研究所（ドイツ）のクラウス・ハッセルマン教授、ローマ・ラ・サピエンツァ大学（イタリア）のジョルジョ・パリージ教授の３人に授与すると発表しました。

日本人のノーベル賞受賞者は２年ぶりで、アメリカ国籍取得者を含め28人目です。物理学賞は12人目です。授賞式は12月10日にスウェーデンの首都ストックホルムで行われましたが、新型コロナウイルスの感染防止のため、受賞者は招待せず、メダルなどの授与は自国で行われました。

真鍋さんは気候モデルの研究者で、地球温暖化を引き起こす二酸化炭素などの温室効果ガスに注目し、コンピューターを駆使した模擬実験方法を構築。地球温暖化の予測方法において先駆的な業績をあげたことが評価されました。

真鍋さんは1931年生まれの90歳。愛媛県出身です。東京大学理学部卒、1958年、同大学院博士課程を修了した理学博士です。同年渡米し、アメリカ国立気象局気象研究員となり、1963年にアメリカ海洋大気庁上席気象研究員となりました。1997年から４年間帰国し当時の科学技術庁で働いたのち、再び渡米。プリンストン大学の客員研究者などを経て現職に就いています。この間、アメリカ国籍を取得しています。

真鍋さんは大気の流れと海洋の循環のデータを組みあわせ、長期的な気象の変化をコンピューターでシミュレーションするモデルを開発しました。このモデルを使い、1989年に、大気に含まれる二酸化炭素の濃度が増加するにしたがい、地球全体の気温が上昇することを予測しました。

この予測は国連の報告書に記載され、地球温暖化問題への関心が高まるきっかけともなりました。真鍋さんの研究で、コンピューターシミュレーションによって地球という複雑なシステムを理論的に解明できるという共通認識が生まれました。国際機関などで話しあわれている「脱炭素」などの温暖化対策などは、真鍋さんの30年以上前の研究から始まったといってもいいでしょう。

ジャーナリスト 大野 敏明
（元大学講師・元産経新聞編集委員）

思わずだれかに話したくなる

# 名字の豆知識

## 第23回

都道府県別の名字 今回は

# 北海道

## 北海道の名字と移住者の出身地

### 北の国、北海道 名字の傾向を探る

　今回から都道府県別に名字の傾向をみていきましょう。最初は北海道です。人口約520万人、面積は約8万3400㎢と、日本のおよそ5分の1という広さです。北海道は多くの住民が明治維新後に移住したため、固有の名字がありません。江戸時代までは蝦夷《えぞ》地《ち》と称し、先住民であるアイヌ人の地でした。記録によると、1454年、河野政通《こうのまさみち》が現在の函館に箱の形をした館を建て、漁労と通商をおもな生活手段としたのが、日本人の居住の始まりのようです。建物の形から同地を箱館というようになり、明治以降、函館と書くようになりました。

　江戸時代に現在の松前郡松前町に松前藩が置かれました。同藩の領民数は江戸後期でざっと2万7000人。松前藩の城下町と周辺の農漁村に日本人がいる程度で、残りはアイヌの人々が暮らしていました。藩の知行地は蝦夷地にはなく、内地の知行地からの収入と地元の物産、魚介類の通商などで藩経営を行いました。

　アイヌ人には元来名字がなく、明治以降に名字を名乗ることが義務づけられましたが、多くは日本風の名字をつけたことから、アイヌ特有の名字はほとんど存在しません。

　松前氏は清和源氏《せいわげんじ》、八幡太郎義家《はちまんたろうよしいえ》の弟、新羅《しんら》三郎義光《さぶろうよしみつ》の子孫を自称した武田信広《たけだのぶひろ》が15世紀なかば、道南の花沢館主、蠣崎季繁《かきざきすえしげ》の養子となり、蠣崎姓を名乗りました。信広の孫の孫の慶広《よしひろ》のときに、豊臣秀吉《とよとみひでよし》から蝦夷地の支配を認められ、現在の松前町に館をかまえ、1599年、名字を松前に改めました。幕末の藩主、松前崇《まつまえたか》広《ひろ》は外様《とざま》大名でありながら老中《ろうじゅう》を務めました。

　江戸後期から、ロシア艦船の出没などがあり、幕府は1802年、箱館に松前奉行をおき、箱館を幕府の直轄地としました。さらに1866年、五稜郭《ごりょうかく》が完成、松前奉行所も五稜郭内に移転しました。箱館は1854年に締結された日米和親条約により翌年に補給港として開港。維新後は事実上、松前藩が統治しましたが、榎本《えのもと》武揚《たけあき》らが率いる旧幕府軍が上陸して松前藩士を追い出し、箱館を中心とした蝦夷共和国《えぞきょうわこく》の独立を宣言しました。1869年、新政府軍が上陸、

榎本軍との間で、熾烈《しれつ》な戦いが行われ、新選組《しんせんぐみ》の土方歳三《ひじかたとしぞう》らが戦死、榎本軍は降伏して、戊辰《ぼしん》戦争が終わりました。新政府は同年7月、蝦夷地に開拓使をおき、翌8月に北海道とし、現在にいたっています。

維新後、北海道はおもに東北地方の農民が移り住み、開拓や漁業に従事しました。名字も東北地方との類似性が見てとれます。また、戊辰戦争で敗れた東北、北陸の武士団やさらには禄を離れた全国の武士団が、開拓の名のもとに移り住みました。伊達市（仙台藩）、北広島市（広島藩）、余市郡余市町（会津藩）など、武士団が藩ごとに移住した地域もあり、北海道としての普遍的な調査がしにくくなっています。

## 北海道の名字ベスト20を紹介

それでは北海道の名字ベスト20です。

多い順に、佐藤、高橋、佐々木、鈴木、伊藤、田中、吉田、渡辺、小林、中村、斎藤、加藤、山本、阿部、山田、木村、工藤、三浦、菅原、斉藤です。これを青森県のベスト20と比べると重ならないのは渡辺、小林、加藤、阿部、菅原、斉藤の6姓。宮城県と比べると重ならないのは田中、小林、中村、山本、山田、工藤、斉藤の7姓です。全国のベスト20以外は阿部、工藤、三浦、菅原、斉藤の5姓です。こうしてみると、東北に重心があるものの全国的な分布に近いことがわかります。

全国ベスト20にはない北海道ベスト20の名字について見ましょう。阿部は全国23位約45万４７００人、北海道では14位約４万５５００人。東北地方に圧倒的に多い名字です。工藤は全国65位約23万８０００人、北海道では17位約３万９４００人と、工藤全体の16・６％にあたります。そして青森県では１位です。全国65位で青森１位の工藤が北海道で17位ということは、青森からの移住者がいかに多かったかを物語っています。三浦は全国45位約30万４５００人、北海道では18位約２万９８００人。これも東北地方に多い姓です。菅原は全国86位約19万７０００人、北海道では19位約２万７３００人、これも東北地方に多い名字です。

斉藤は少し考察するのが難しい名字です。全国53位約28万９５００人、北海道では20位約２万７２００人です（新人物往来社『別冊歴史読本　日本の苗字ベスト１００００』より）。斉藤は斎藤から分かれた名字と考えられます。新潟県や島根県では斉藤の方が多いのですが、これは斎藤が多かったために、斎藤を分化したことで斉藤が増えたからだと思われます。北海道では維新後、同地に渡った斎藤が、旧来の斎藤を捨てて、新たに別の字の斉藤として再出発したのではないかという推理もあります。

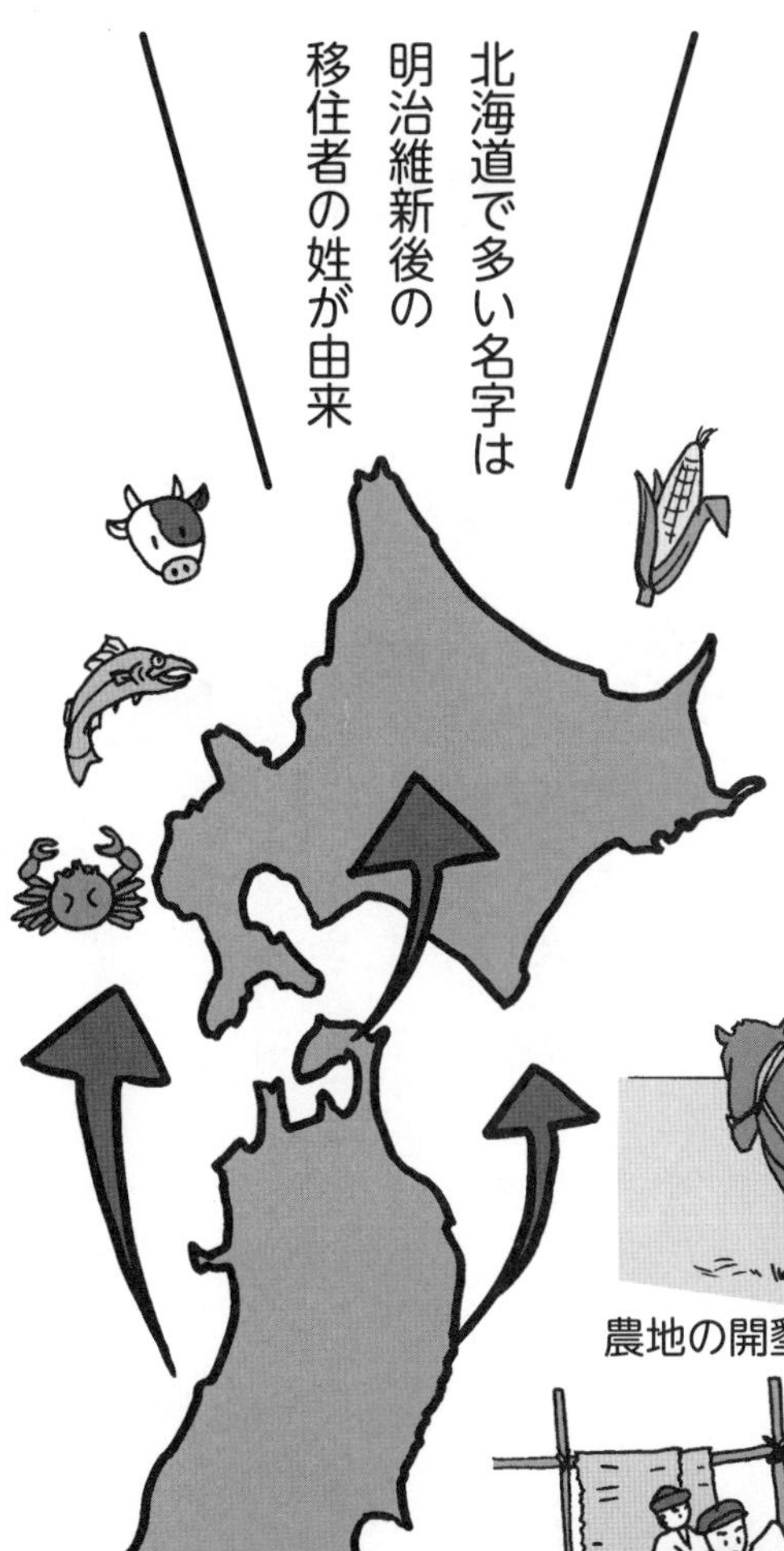
北海道で多い名字は
明治維新後の
移住者の姓が由来

農地の開墾

ニシン漁

# 日中戦争

今回のテーマは日中戦争。1937年の盧溝橋事件が発端となったが、背景にあった日本の満州国支配なども併せて確認していこう。

**勇** 中国の海洋進出が問題になっているけど、昔、日本と中国が戦争したことがあったの？

**MQ** 日中戦争のことだね。

**静** なんで日本と中国は戦争になったの？

**MQ** 1931年の満州事変《まんしゅうじへん》の結果、日本の傀儡《かいらい》政権である満州国《まんしゅうこく》が成立し、日本はさらに満州国に隣接している華北の一部を日本の支配下においたんだ。

**勇** 中国は反発するよね。

**MQ** 日中両国は一触即発の状態になったんだ。そしてついに1937年7月、北京《ペキン》郊外の盧《ろ》溝《こう》橋《きょう》で、日中両軍が衝突してしまったんだ。これが盧溝橋事件だ。駐屯していた日本軍に何者かが発砲したんだけど、真相はいまもわかっていない。

**静** 日本軍はなぜ北京郊外にいたの？

**MQ** 1900年の義《ぎ》和《わ》団《だん》事件（北清事変《ほくしんじへん》）の結果、締結された北京議定書に基づいて常駐していたんだ。

**勇** そのときの戦闘は長引いたの？

**MQ** 現地では停戦協定が成立したんだけど、日本政府は対中問題を一気に解決するチャンスと考え、軍隊を増派して、北京や天津《てんしん》を占領した。8月には上海《シャンハイ》でも日本の上海海軍特別陸戦隊と中国国民党軍との間で戦闘が始まり、全面的な戦争に突入してしまったんだ。

**静** そのまま停戦できたらよかったのに……。それで、中国はどんな対応をしたの？

**MQ** 当時の中国は蔣介石《しょうかいせき》率いる中国国民党と、毛沢東《もうたくとう》が率いる中国共産党がしのぎを削っていたけど、共産党が国民党に協力して抗日を行うことを申し入れ、国共合作が成立した。

**勇** 日本はどうしたの？

**MQ** 日本は、宣戦布告は行わなかったものの、日露戦争以来の大本営が設置された。しかも、1938年5月には国家総動員法が施行され、政府が人的物的資源を統制して運用できるようになった。戦時体制に突入したといっていいだろうね。

**静** 上海での戦闘はその後、どうなったの？

**MQ** 日本は上海にも軍隊を増派して、当時の首都の南京《ナンキン》に進攻、1937年12月に南京を攻略したけど、蔣介石の国民政府は首都を重慶《じゅうけい》に移して抵抗、日本軍は泥沼の戦争に引きずりこまれていくんだ。当時の近衛文麿《このえふみまろ》首相は「国民政府を対手（相手）とせず」との声明を出し、和平交渉も決裂してしまい、戦争は1945年8月の終戦まで続くことになったんだ。

**ミステリーハンターQ（略してMQ）**

米テキサス州出身。某有名エジプト学者の弟子。1980年代より気鋭の考古学者として注目されつつあるが本名はだれも知らない。日本の歴史について探る画期的な著書『歴史を掘る』の発刊準備を進めている。

**山本 勇**

中学3年生。幼稚園のころにテレビの大河ドラマを見て、歴史にはまる。将来は大河ドラマに出たいと思っている。あこがれは織田信長。最近のマイブームは仏像鑑賞。好きな芸能人はみうらじゅん。

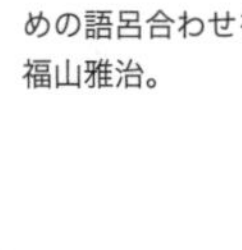

**春日 静**

中学1年生。カバンのなかにはつねに、読みかけの歴史小説が入っている根っからの歴女。あこがれは坂本龍馬。特技は年号の暗記のための語呂合わせを作ること。好きな芸能人は福山雅治。

身の回りにある、
知っていると
役に立つかもしれない
知識をお届け!!

# サクセス印のなるほどコラム

## 八宝菜の「八」の意味は？

先生：最近とてもショックなことがあったんだけど……聞いてくれる？

生徒：えっ？　どうしたの？

先生：この前行った中華料理店のメニューに野菜炒めがなかったんだよ。

生徒：もしかして、それがショックとか？

先生：だって、野菜炒めが食べたくて中華料理店に入ったのに、ないなんてショックでしょ??

生徒：野菜炒めって、家庭科の調理実習で作るようなシンプルな野菜炒めのこと？

先生：そう！　キャベツ、モヤシ、ニンジン、豚肉とかを炒めて塩コショウで味付けした料理！

生徒：野菜炒めがないっていうか、メニューから見つけられなかったんじゃない？

先生：メニューに、モヤシ炒め、八宝菜、ホイコーロー、レバニラ炒めは見つけたんだけど、野菜炒めはなかったんだ。

生徒：モヤシ炒めを食べればよかったんじゃない？　モヤシだって野菜だから、野菜炒めでしょ？

先生：確かに……でも、先生が食べたかったのは、調理実習で作るような野菜炒めなんだ！

生徒：いい大人が、ワガママだなあ（笑）。で、先生は結局なにを食べたの？

先生：八宝菜！　これがさ、おいしかったんだよ。

生徒：それはよかったね。ていうかさ、八宝菜って、“野菜炒め豪華バージョン”って感じがしない？

先生：そうそう、そう思うよね！　そこで八宝菜について調べてみたんだよ。

生徒：それで？　結論は？

先生：結論の前に、八宝菜ってどんなイメージ？

生徒：文字通り、８種類の具が入った炒めもの。

先生：先生も八宝菜はエビやウズラの玉子なんかがプラスされた８種類の具材の入った野菜炒めだと思ってたんだよね。

生徒：ぼくは先生と同じ認識だったんだ。というか、八宝菜ってそうじゃないの？

先生：そうなんだよ。八宝菜の「八」は“品目数”ではなく、“多くの”という意味。そして「菜」は“おかず”という意味なんだって。

生徒：へえ～。じゃあ、八宝菜って、たくさんの食材の入ったおかずってこと？

先生：その通り!!　使う食材は様々だけど、どうも、仕上げに水溶き片栗粉でとろみをつけるみたいだね。

生徒：とろみのついた野菜炒め豪華バージョン！

先生：野菜炒めという大きなカテゴリーのなかに、モヤシ炒め、八宝菜、ホイコーロー、レバニラ炒めがある。つまり八宝菜は野菜炒め！

生徒：野菜炒めの話をしてたらお腹がすいてきちゃった。

先生：じつは先生も……。

生徒：また先生といっしょかあ。

先生：安くておいしい中華のお店へ連れていってあげるから、そんなこと言わないで。

生徒：ま、そこまでいうならいっしょに行ってあげてもいいよ！　ぼくは八宝菜を食べるけど、先生はマネしないでよね!!

先生：え！　つまり、ぼくは野菜炒めという大きなカテゴリー全部食べちゃダメなの？

生徒：冗談だよ！　でも、八宝菜って使用する具材は色々だよね。タケノコが入っているの、おいしそうだなあ。

先生：タケノコ、シャキシャキとした歯応えがいいよね！　先生も好きだよ。

生徒：また先生と同じ！　好みが似てるのかな。

中学生でもわかる

# 高校数学のススメ

**高校数学では、早く答えを出すことよりもきちんと答えを出すこと、つまり答えそのものだけでなく、答えを導くまでの過程も重視します。なぜなら、それが記号論理学である数学の本質だからです。さあ、高校数学の世界をひと足先に体験してみましょう！**

written by
**湯浅 弘一**
ゆあさ・ひろかず／湘南工科大学特任教授・湘南工科大学附属高等学校教育顧問

## Lecture! じゃんけんの確率

例題　２人でじゃんけんを１回だけ行うとき、勝負が決まる確率を求めなさい。

まず、２人の名前をＡさん、Ｂさんとします。
勝負の組みあわせを実際に数えてみると……。

| | | | | | | | | | |
|---|---|---|---|---|---|---|---|---|---|
| Ａの手 | グー | グー | グー | チョキ | チョキ | チョキ | パー | パー | パー |
| Ｂの手 | グー | チョキ | パー | グー | チョキ | パー | グー | チョキ | パー |
| 勝者orあいこ | あいこ | A | B | B | あいこ | A | A | B | あいこ |

Ａさん、Ｂさん２人の手の出し方はそれぞれグー、チョキ、パーの３通りですから、２人の手の出し方の組みあわせの総数は、３×３＝９通りであることが計算でも確認できます。
そのうち、勝負が決まる、つまりＡまたはＢが勝つ確率は表から６通りありますから、
求める確率＝$\frac{\text{求める場合の数}}{\text{すべての起こりうる場合の数}}=\frac{6}{9}=\frac{2}{3}$です。
これを計算だけで求めてみます。前述のように“すべての起こりうる場合の数”は３×３＝９通りです。勝負が決まるには、“だれが”“どの手で”勝つのか？　ということ。つまり、
“だれが”は「ＡまたはＢの２通り」
“どの手で”は「グー、チョキ、パーの３通り」
が同時に起こるので２×３＝６通りです。したがって、求める確率が計算だけでも$\frac{6}{9}=\mathbf{\frac{2}{3}}$と求めることができます。

**今回学習してほしいこと**

１回のじゃんけんで勝負がつく場合の数は“だれが”“どの手で”勝つのか、で考える。

**さあ、早速練習です！　左ページに初級、中級、上級と３つのレベルの類題を出題していますので、チャレンジしてみてください。**

# 練習問題

## 初級

A、Bの２人が１回じゃんけんをするとき、
Aがチョキで勝つ確率を求めなさい。

## 中級

３人でじゃんけんを１回だけ行ったとき、
あいこになる確率を求めなさい。

## 上級

A、B、Cの３人でじゃんけんをする。一度じゃんけんで負けたものは、以後のじゃんけんから抜ける。残りが１人になるまでじゃんけんを繰り返し、最後に残ったものを勝者とする。ただし、あいこの場合も１回のじゃんけんを行ったと数える。
このとき、２回目のじゃんけんで勝者が決まる確率を求めよ。
（2004年東北大学入試問題より）

解答・解説は次のページへ！

# 解答・解説

## 初級

２人の手の出し方の組み合わせの総数は３×３＝９通り。
“だれが”は「Aが」、“どの手で”は「チョキ」。
つまり、Bはパーの手を出す１通りの場合しかありません。
したがって、求める確率は$\frac{1}{9}$となります。

**答え** $\frac{1}{9}$

## 中級

３人でじゃんけんを１回行った場合の結果は、１人だけ勝つ、２人だけ勝つ、あいこの３つの場合が考えられます。あいこになる確率はすべての起こりうる確率（＝100%＝1）から、“１人だけ勝つ、２人だけ勝つ”確率を引くことで求まります。これを「余事象（求める場合以外）を使って考える」といいます。
３人の手の出し方の組みあわせの総数は３×３×３＝27通り。
そのうち、１人だけ勝つ場合の数は“だれが”は「AまたはBまたはC」の３通り、“どの手で”は「グー、チョキ、パー」の３通りですから、求める場合の数は３×３＝９通り……①
同様にして、２人だけ勝つ場合の数は“だれが”は「ABまたはBCまたはCA」の３通り、“どの手で”は「グー、チョキ、パー」の３通りですから、求める場合の数は３×３＝９通り……②
①と②は同時に起こらないので（これを互いに排反である事象という）、
３人でじゃんけんを１回だけ行ったときに勝負のつく確率は
$\frac{9+9}{27}=\frac{2}{3}$、これが余事象の確率なので、求める確率は
$1-\frac{2}{3}=\frac{1}{3}$と求まります。

**答え** $\frac{1}{3}$

## 上級

「２回目のじゃんけんで勝者が決まる」とは、
以下の２通りの人数の推移が考えられます。
(あ) ３人→３人→１人
(い) ３人→２人→１人

ここで人数の推移の確率を求めておくと、以下の通りになります。
(A) ３人→１人
$\frac{9}{27}=\frac{1}{3}$……【中級】の解説を参照

(B) ３人→２人
$\frac{9}{27}=\frac{1}{3}$……【中級】の解説を参照

(C) ３人→３人
$\frac{9}{27}=\frac{1}{3}$……【中級】の解説を参照

(D) ２人→1人
２人の手の出し方が３×３＝９通り。だれが（２人のうちの１人）どの手で（３通り）の場合の数が２×３通りなので
$\frac{6}{9}=\frac{2}{3}$

以上を用いると上記（あ）（い）は
(あ) ３人→（C）→３人→（A）→１人
(い) ３人→（B）→２人→（D）→１人
(あ)（い）は互いに排反な事象（同時には起こらないこと）なので、求める確率は
$\frac{1}{3}\times\frac{1}{3}+\frac{1}{3}\times\frac{2}{3}=\mathbf{\frac{1}{3}}$となります。

**答え** $\frac{1}{3}$

## Success Book Review

# 個性豊かな戦国武将たちの戦いから色々なものが見えてくる!?

今月の1冊

# 『13歳のきみと、戦国時代の「戦」の話をしよう。』

著／房野 史典
刊行／幻冬舎
価格／1540円（税込）

戦国時代。

好きな人にとっては様々な人物が登場し、覇を競いあう興味深い時代だ。

一方で、そもそも歴史は苦手、好きではない、という人にとっては、「日本中で戦争をやって、最後は豊臣秀吉が天下統一した」ぐらいの認識しかないかもしれない。

とてもおおざっぱにいうと、そういう時代ということになるのだけど、日本中で多くの人が国盗り合戦に明け暮れていただけに、そこには極めて人間くさいエピソードだったり、いまの時代にだって通用しそうな話だったり、それこそこれからのみんなの人生において役に立つかもしれないような教訓だったりが転がっていたりもする。

今回紹介する書籍は、お笑い芸人でありながら、無類の戦国武将好きで、子どもたちに歴史のおもしろさを教える授業なども好評を博している房野史典さんが、そんな戦国時代について、大きな流れとともに、この時代に登場する人たちの魅力を存分に語っている本だ。

「年号を覚えるのが面倒」「人の名前が多すぎる」など、歴史が苦手な人の理由は色々とあるけれど、そういう人たちでも読みやすい本にするためには？　というところに著者が知恵を絞って書かれているため、とてもとっつきやすい。

また、歴史というのは、新事実が発見されるたびにこれまでの定説が覆されていくのだが、そうした部分や、「諸説がある」というところにもきちんと言及している。一方的な思い込みだけになっていないので、偏った知識になりづらいのもおすすめできるポイントだ。

歴史好きはもちろん楽しめるし、これまでそうではなかった人にとっても「戦国時代ってこんな感じだったの？」と興味を持ちやすい内容になっているので、まずは気楽に読み始めてみることをおすすめする。筆者の語り口や、登場する戦国武将たちにツッコミを入れながら読んでいけば、いつの間にやら戦国時代の大きな流れも頭に入っているかもしれないよ。

サクセス映画館

# ゲームを通じて……

## 劇場版 ファイナルファンタジーXIV 光のお父さん

**2019年／日本**
**監督：野口照夫、山本清史**

「劇場版 ファイナルファンタジーXIV 光のお父さん」
Blu-ray発売中
価格：7,480円（税込）
発売元：バップ

DVD（4,180円）も発売中

### ゲーム上での父と息子の冒険

顔を合わせると伝えられない思いもゲームを通してなら伝えられる。そんな父と息子の様子を綴った人気ブログを映画化した、笑えて泣けるハートウォーミングな作品です。

仕事一筋だったアキオの父が、突然会社を辞めて単身赴任先から自宅に帰ってきます。父の本音を知りたいと考えたアキオは、オンラインゲーム「ファイナルファンタジー」の世界に父を誘います。自身も正体を隠しながら、ともに冒険することで、ゲームを通じて父とコミュニケーションを取ろうと考えたのです。

普段は無口で強面の父ですが、ゲーム上でキャラクターに扮するとひょうきんな一面も。その姿に思わず笑ってしまいます。いったい父の秘密とはなんなのか？　アキオは正体を明かすのか？　ぜひみなさんの目で確かめてみてください。

## ソニック・ザ・ムービー

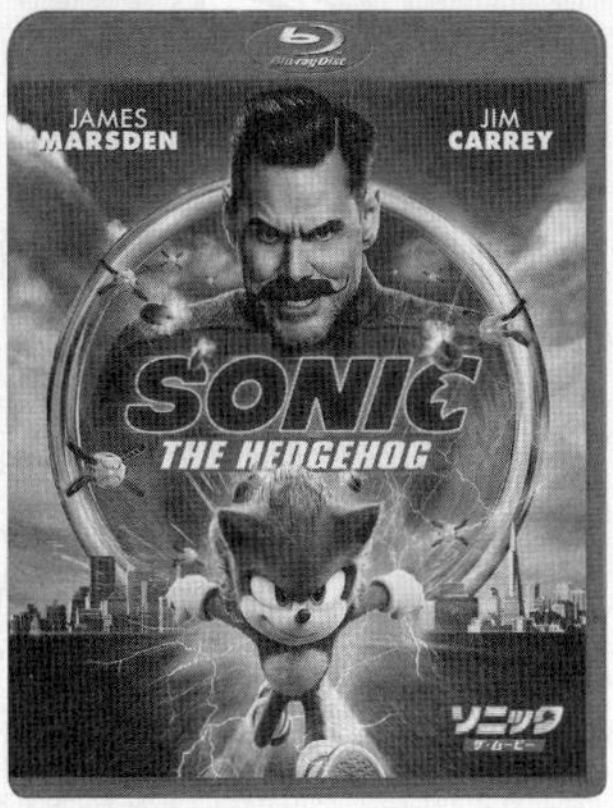


**2020年／アメリカ**
**監督：ジェフ・フォウラー**

「ソニック・ザ・ムービー」
Blu-ray発売中
価格：2,075円（税込）
発売元：NBCユニバーサル・エンターテイメント
DVD（1,572円）も発売中

### 人気のゲームキャラが大活躍

いまや世界で愛される人気キャラクター・ソニック。ゲームを通してソニックを知った人もいるかもしれませんね。そんなソニックがスーパーパワーをフル稼働させ、地球で大暴れする痛快アクションコメディーがこちら。

特殊能力を狙う敵から逃げるために、とある星から地球へとやってきたソニック。身を隠してひっそりと暮らしていたのに、ひょんなことから悪の科学者に見つかり追われることに。町の保安官・トムに助けを求め、またもや別の土地へ逃げようとするのですが……。

ソニックのハイスピードな動きを臨場感たっぷりに楽しめるのは実写映画ならでは。ゲームで大人気のソニックが、かっこよさ、親しみやすさ、そしてハイスピードな動きで、映画でもファンを魅了しています。

## AWAKE

**2020年／日本**
**監督：山田篤宏**

「AWAKE」
Blu-ray発売中
価格：6,380円（税込）
発売元：キノフィルムズ／木下グループ
販売元：TCエンタテインメント

DVD（4,180円）も発売中

### 将棋ゲームに再び夢を託して

夢破れた主人公が、コンピューターの将棋ゲームと出会ったことで、新たな夢に向かって前進していく様子が描かれた映画です。

幼いころからプロ棋士をめざしていた英一は、実力の限界を知り、20歳のときに夢を断念。しばらく無気力な大学生活を送っていましたが、将棋ゲームの存在を知ったことで彼の人生は大きく変わります。

大学の人工知能研究会でプログラミングを学び、将棋ソフトAWAKEを生み出した英一は、たちまち有名になり、プロ棋士との対戦を依頼されます。ただ、その相手はかつてのライバルで……。

英一が新しい夢に向かって努力を重ねる姿に胸が熱くなることでしょう。プロ棋士のプライドと、再起をかける英一の意地がぶつかりあう対局の行方にも注目です。

## 10月号の答えと解説

### 解答 SECRET（秘密）

### 解説

クロスワードを完成させると右のようになります。

secretary（秘書）は、secretが語源になっていて、「secretなことを任せられた人」ということから「長官」「大臣」とも訳されます。例えばアメリカでは、the Secretary of State（国務長官）、the Secretary of Defense（国防長官）などがあります。

| | | | | | | | | | |
|---|---|---|---|---|---|---|---|---|---|
| 1 C | O | 2 M | E | | 3 B | 4 L | A | 5c C | K |
| A | | I | | 6 F | | I | | U | |
| 7 R | e E | D | | 8 R | E | M | O | T | 9 E |
| E | | 10 D | I | E | | I | | | N |
| L | | L | | E | | 11 T | 12 E | a S | T |
| 13 E | V | b E | 14 R | | 15 S | | N | | R |
| S | | | I | | 16 U | S | E | | A |
| 17 S | 18 I | N | G | E | R | | 19d R | U | N |
| | L | | H | | E | | G | | C |
| 20 C | L | O | f T | H | | 21 T | Y | P | E |

**ヨコ1**　命令文。反対に「出ていきなさい」は、「Get out」。また、go outは「外に出る」「外出する」という意味です。
**ヨコ7**　血液や火の色
**ヨコ8**　remote＝遠く離れた、遠隔操作の
**タテ2**　in the middle of ～ ＝ ～の真ん中（中央）に
**タテ6**　free time ＝ 自由時間、暇なとき
**タテ14**　rightには、「右（の）」「正しい（こと）」のほか、the right to remain silent（黙秘権）などのように「権利」という意味もあります。

## 今月のプレゼント！

**芯の太さと色の使い分けができる新しい多機能ペン**

今号では、シャープペンシルの芯の太さを切り替えられる便利な多機能ペンをご紹介します。

サンスター文具の「examy（イグザミー）」は、勉強を効率的に進めるための文房具がそろうシリーズ。なかでも「シャープ＆シャープ＆赤ボールペン」は、芯の太さが違う2つのシャープペンシルと赤ボールペンが備わった珍しい多機能ペンです。

通常の書き取りには0.5㎜、補足事項などの細かい書き込みには0.3㎜とシャープペンシルの芯を使い分けることができます。重要事項には赤ボールペンを使えば、この1本でわかりやすいノートが完成。みなさんにおすすめのアイテムです。

今回はホワイト×グレーの配色のものを5名さまにプレゼント（各1本）。シンプルなデザインも魅力です。

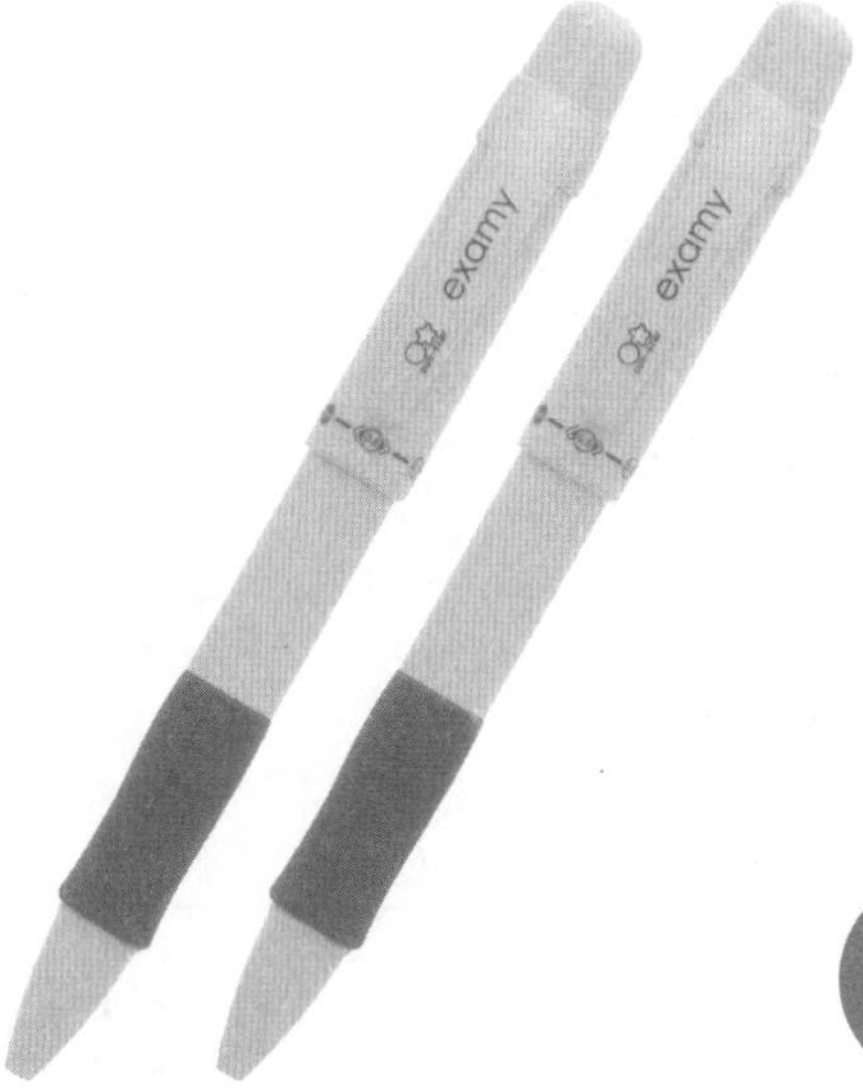


5名さまに

## 今月号の問題

### ことわざ穴埋めパズル

例のように、空欄にリストの漢字を当てはめて、下の①～⑧のことわざを完成させましょう。

リストに最後まで使われずに残った漢字を使ってできるもう１つのことわざに、最も近い意味を持つことわざは、次の３つのうちどれでしょう？

**ア**　雨垂れ石を穿つ　**イ**　石橋を叩いて渡る　**ウ**　堪忍袋の緒が切れる

**【例】**□を□らわば□まで　→　毒を食らわば皿まで

① □に□□
② □ばぬ□の□
③ □の□の□□ち
④ □の□にも□□
⑤ □の□を□る□
⑥ □も□けば□に□たる
⑦ □に□あり□□に□あり
⑧ □□□くして□□に□る

**【リスト】**

| | | | | | | | |
|---|---|---|---|---|---|---|---|
| 威 | 縁 | 下 | 顔 | 犬 | 狐 | 虎 | 皿 |
| 三 | 三 | 山 | 子 | 持 | 耳 | 借 | 小 |
| 障 | 上 | 杖 | 食 | 石 | 先 | 船 | 船 |
| 多 | 転 | 登 | 度 | 当 | 頭 | 毒 | 猫 |
| 年 | 判 | 仏 | 壁 | 歩 | 棒 | 目 | 力 |

## 応募方法

下のQRコードまたは104ページからご応募ください。
◎正解者のなかから抽選で右の「examy（イグザミー）」をプレゼントいたします。
◎当選者の発表は本誌2022年４月号誌上の予定です。
◎**応募締切日 2022年２月15日**

## 10月号パズル当選者（全応募者51名）

岩崎　叡伸さん（小６・東京都）
加藤　大悟さん（小６・埼玉県）
貴志　貞治さん（中３・神奈川県）
鈴木　桜子さん（中２・千葉県）
滝本　琴巴さん（中２・東京都）
藤堂　史織さん（中３・埼玉県）
中村　大洋さん（中２・神奈川県）
長野　正典さん（中３・東京都）
平出　奏人さん（中１・東京都）
山本　和花さん（中２・茨城県）

読者が作る　おたよりの森

テーマ

## 入試への意気込み

どんな結果になっても、**やるだけやった**と思えるように最後まで頑張ります！
（中３・K.H.さん）

塾の先生に教えてもらったことを忘れないように、**落ち着いて入試を受けたい**と思います。
（中３・みあまさん）

絶対絶対、**親友といっしょに第１志望校に合格します！**　ずっと２人で励ましあって、頑張ってきたんです！
（中３・友情は永遠！　さん）

人生初の受験でとても緊張するけど、**頑張ってよかった**と思えるような結果を出したいです。
（中３・炎さん）

願うのは　**合格したい**　それだけさ。
（中３・歩笑夢さん）

模試でＤ判定しか出てないけど、どうしても諦めたくないから**第１志望は変えずに受験する。**ラストスパートで伸びまくって合格をつかみとるぞ！
（中３・芽伊さん）

ここまできたらやるっきゃない！あがり症だけど、**お守りを持っていって頑張ります!!**
（中３・T.M.さん）

夏休みに頑張った成果がやっと点数に表れてきて、やる気がわいてきました。**この調子のまま入試当日まで駆け抜けたい！**
（中３・R.T.さん）

テーマ

## 2022年に挑戦したいこと

**後方宙返り**を成功させて、友だちに見せたい！
（中１・ふぁむさん）

**一人旅**をしてみたい！
（中２・Y.S.さん）

**２月22日生まれ**なので、2022年２月22日22時22分にショートケーキを持って写真を撮りたい。
（中１・22日はショートケーキの日さん）

**パン作り！**　この前テレビで、簡単に時短で作れるパンを紹介していたので、挑戦してみたい！
（中２・パン好きさん）

**ペン習字**を習ってきれいな字を書けるようにする！
（中１・A.S.さん）

いよいよ**受験生**になるので、これまで以上に勉強を頑張りたい！
（中２・S.T.さん）

バスケットボール部のキャプテンになって、**背番号４番**を背負う！
（中２・夢はオリンピック選手さん）

寅年だから**なんでも「トラ」イ！**ということで、どんなことにも前向きに取り組んでいきたい。
（中２・とらじさん）

たくさん本を読みたいので、**速読**にチャレンジしてみたい！
（中１・本の虫さん）

テーマ

## 冬になると食べたくなるもの

大好物の**カニ。**高価だからめったに食べられないけど、年末年始は親の財布の紐も少し緩くなるみたいなので期待してます！
（中２・うみんちゅさん）

冬だけどあえての**アイス。**夏よりも濃厚な味が多く発売されるので、この時期のアイスは大好き。
（中１・こたつでアイスさん）

**シチュー**です！　年中食べてるけど、寒い冬に食べるのが一番おいしい気がする。
（中２・ホワイトさん）

この前家族みんなで食べた**鍋焼きうどん**がおいしかったので、冬の間にまた食べたいです。
（中２・4503さん）

**ミカン**×こたつ＝冬の定番っていう方程式が我が家には代々伝わっています。
（中２・オゥレさん）

やっぱり**鍋。**毎年親が色々な鍋スープのもとを買ってきて楽しい！
（中１・N.B.さん）

**肉まん**でしょ。ひと口食べたらもう幸せいっぱいです。
（中１・ピザまんも好きさん）

**おでん！**　色々な具のなかから好きなものを選ぶのが楽しいです。
（中３・ロコディッシュさん）

「読者が作る おたよりの森」は今号で最終回となります。これまでたくさんの楽しいおたよりをありがとうございました。

夢が広がる高校選びの情報満載！

# Success15

## 2月号

表紙：開成高等学校

### FROM EDITORS 編集室から

新しい年が始まりました。中３生は受験を間近に控え、ドキドキの毎日を送っているのではないでしょうか。今回はそんなみなさんにとって必需品の「時計」の奥深さを伝える特集を企画しました。時計をお供に、受験生のみなさんが悔いなくラストスパートをかけることができるよう、編集部一同、応援しています。

さて、「こちら東大はろくま情報局」が筆者の卒業に伴い今月号で最終回を迎えました。別れは寂しいものですが、歴代筆者の方々がそれぞれの場で活躍していることが、私にとって大きな励みとなっています。４月号からは新しい東大生の先輩が登場するのでお楽しみに。本年も『サクセス15』をよろしくお願いします。　（T）

## Next Issue　４月号

Special

### どう選ぶ？
### 君にピッタリの学校

### 「おうち時間」を支える
### 物流テック

Special School Selection

私立高校WATCHING

公立高校WATCHING

突撃スクールレポート

ワクワクドキドキ熱中部活動

※特集内容および掲載校は変更されることがあります。

### Information

『サクセス15』は全国の書店にてお買い求めいただけますが、万が一、書店店頭に見当たらない場合は、書店にてご注文いただくか、弊社販売部、もしくはホームページ（104ページ下記参照）よりご注文ください。送料弊社負担にてお送りします。定期購読をご希望いただく場合も、上記と同様の方法でご連絡ください。

### Opinion, Impression & ETC

本誌をお読みになられてのご感想・ご意見・ご提言などがありましたら、104ページ下記のあて先より、ぜひ当編集室までお声をお寄せください。また、「こんな記事が読みたい」というご要望や、「こういうときはどうしたらいいの」といったご質問などもお待ちしております。今後の参考にさせていただきますので、よろしくお願いいたします。



### サクセス編集室 お問い合わせ先

TEL : 03-5939-7928　FAX : 03-3253-5945

### 今後の発行予定

| | |
|---|---|
| 3月15日 | 8月15日 |
| 4月号 | 夏・増刊号 |
| 5月16日 | 9月15日 |
| 6月号 | 10月号 |
| 7月15日 | 10月15日 |
| 8月号 | 秋・増刊号 |

# FAX送信用紙

※封書での郵送時にもコピーしてご使用ください。

101ページ「ことわざ穴埋めパズル 」の答え

氏名

学年

住所（〒　　　-　　　）

電話番号

（　　　　　）

現在、塾に

通っている　・　通っていない

通っている場合

塾名

（校舎名　　　　　）

面白かった記事には○を、つまらなかった記事には×をそれぞれ３つずつ（　）内にご記入ください。

（　）05 進化し続けるものづくりの技術 100分の１ミリで生み出す「時計」の世界
（　）12 Special School Selection 開成高等学校
（　）18 私立高校WATCHING 中央大学附属高等学校
（　）22 ワクワクドキドキ 熱中部活動 豊島学院高等学校 空手道部
（　）25 Grow up 伸びてる都立
（　）32 入試直前アドバイス 本番で実力を発揮できる強さを作ろう
（　）36 首都圏私立高校入試展望2022
（　）39 首都圏公立高校入試展望2022
（　）44 受験生のための明日へのトビラ
（　）46 突撃スクールレポート 帝京大学高等学校
（　）48 スクペディア 国学院高等学校
（　）49 スクペディア 明治大学付属明治高等学校
（　）50 スクペディア 学習院高等科
（　）51 スクペディア 中央大学高等学校
（　）54 レッツトライ！ 入試問題
（　）56 帰国生が活躍する学校 法政大学国際高等学校
（　）59 中学生の未来のために！ 大学入試ここがポイント
（　）60 東大入試突破への現代文の習慣
（　）63 研究室にズームイン 理化学研究所 坂井南美先生
（　）72 現役東大生に聞きました 母校の魅力 早稲アカ大学受験部の魅力 国立高 編
（　）74 こちら東大はろくま情報局
（　）76 キャンパスデイズ十人十色
（　）81 耳よりツブより情報とどきたて
（　）82 マナビー先生の最先端科学ナビ
（　）84 なぜなに科学実験室
（　）88 中学生のための経済学
（　）89 ピックアップニュース！
（　）90 思わずだれかに話したくなる 名字の豆知識
（　）92 ミステリーハンターQの タイムスリップ歴史塾
（　）93 サクセス印のなるほどコラム
（　）94 中学生でもわかる 高校数学のススメ
（　）98 Success Book Review
（　）99 サクセス映画館
（　）100 解いてすっきり パズルでひといき
（　）102 読者が作る おたよりの森

# FAX.03-3253-5945

FAX番号をお間違えのないようお確かめください

サクセス15の感想

高校受験ガイドブック2022 2　Success15

発　行：2022年１月17日 初版第一刷発行
発行所：株式会社グローバル教育出版　〒101-0047 東京都千代田区内神田2-5-2 信交会ビル3F
ＴＥＬ：03-3253-5944
ＦＡＸ：03-3253-5945
Ｈ　Ｐ：http://success.waseda-ac.net/
e-mail：success15@g-ap.com

郵便振替口座番号：00130-3-779535
編　　集：サクセス編集室
編集協力：株式会社 早稲田アカデミー



【個人情報利用目的】ご記入いただいた個人情報は、プレゼントの発送およびアンケート調査の結果集計に利用させていただきます。